ATLAS de ARQUITECTURA

Los edificios más increíbles
que (probablemente) no
sabías que existían

LIBSA

CONTENIDO

4 Introducción

6 Monumentos neolíticos
Europa, 4000-2000 a.C.

8 Zigurat de Ur
Irak, 2100 a.C.

10 Pirámides de Meroe
Sudán, 800 a.C.–100 d.C.

12 Monasterio colgante de Shanxi
China, 491 d.C.

14 Santa Sofía
Turquía, 537 d.C.

16 Puente Anji
China, 595–605 d.C.

18 Templos de Horyu-ji
Japón, 607 d.C.

20 Mezquita Jameh de Isfahán
Irán, 771–1997 d.C.

22 Chand Baori
India, 800 d.C.

24 Catedral de Chartres
Francia, 1194–1220

26 Iglesia de madera de Borgund
Noruega, ca. 1200

28 Iglesia de San Jorge
Etiopía, ca. 1200

30 Palacio Ducal
Italia, 1340–1424

32 Mezquita de Djinguereber
Mali, 1327

34 Ayutthaya
Tailandia, 1350–1767

36 Little Moreton Hall
Reino Unido, 1504–1610

**38 Arquitectura tradicional
japonesa**

40 Kizhi Pogost
Rusia, 1714

42 Casba de Argel
Argelia, siglos XVII–XVIII

44 Fortaleza de Hwaseong
Corea del Sur, 1794–1796

46 Pabellón de Brighton
Reino Unido, 1787–1823

48 Castillo de Neuschwanstein
Alemania, 1869–1892

50 Casa del jefe Waka
Canadá, ca. 1890

52 Casa Batlló
España, 1904–1906

54 Torre de Tatlin
Rusia, 1919

56 Palacio Dar al-Hajar
Yemen, 1920

58 Casa Rietveld Schröder
Países Bajos, 1924

60 Exposiciones Universales

62 Ciudad Universitaria, México
México, 1949–1952

64 Escuelas Nacionales de Arte de Cuba
Cuba, 1961-1965

66 Sea Ranch
EE.UU., 1963–1965

68 FIDAK
Senegal, 1975

70 Nuevos modelos de vivienda

72 Casa Hundertwasser
Austria, 1983–1985

74 Museo Guggenheim
España, 1991–1997

76 Museo Judío de Berlín
Alemania, 1992–1999

78 Nuevos modelos de culto

80 Arquitectura de aeropuertos

82 Sede de la SGAE
España, 2008

84 Refugios

86 Glosario

88 Índice

INTRODUCCIÓN

Durante miles de años, los seres humanos han estado apilando piedras, colocando ladrillos o atando madera para crear estructuras en las que vivir, trabajar y adorar.

LA ARQUITECTURA DEBE HABLAR DE SU TIEMPO Y LUGAR, PERO ANHELAR LA INTEMPORALIDAD. FRANK GEHRY

Los edificios que construyen encierran información sobre la historia y la cultura que les dieron vida, sobre el paisaje y el entorno en los que fueron erigidos, o sobre la persona que los diseñó o los construyó.

A veces, estas historias son complicadas, porque la arquitectura misma es compleja. Para construir un edificio, es necesario comprender la física de las estructuras, para que no se derrumben. Hay que saber qué materiales y tecnologías están disponibles. Es importante entender cómo las personas podrían querer utilizar un espacio y, por supuesto, se necesita dinero. Mucho dinero. Finalmente, pero no por ello menos importante, es fundamental tener una visión: de cómo será el espacio por dentro y por fuera, y cómo puedes dejar tu huella personal en él.

Los edificios de este libro tienen historias asombrosas. Se ha intentado evitar los edificios más conocidos (como las Grandes Pirámides o la Torre Eiffel, por ejemplo), eligiendo en su lugar edificios de todo el mundo y de diferentes épocas que son menos conocidos, pero que han abierto nuevos caminos en la forma en que se ven o en cómo fueron diseñados. Por ejemplo, veremos la historia de un rey que talló grandes iglesias en la roca porque creía que estaba destinado a construir una nueva Jerusalén en las montañas de Etiopía. O una mezquita en Irán que ha sido ampliada y embellecida a lo largo de 2000 años. Incluso se hallará la historia de un edificio que nunca se construyó, pero que capturó el espíritu (y también las locuras) de la Revolución rusa. Muchos de los edificios tienen una calidad expresiva y escultórica, porque a menudo un edificio de aspecto extraño tiene una historia igualmente extraña detrás de él.

Este libro no pretende ser una introducción completa a la arquitectura, sino más bien un punto de partida para pensar y hablar sobre diferentes tipos de edificios. Tomemos, por ejemplo, la habitación en la que nos encontramos ahora. ¿Cómo nos sentimos en ella? ¿Hay una ventana? ¿Qué tipo de ventana es? ¿Cuál es la vista? ¿Es el edificio similar a otros que lo rodean? ¿Qué lo hace único? Una vez que se empieza a observar realmente los edificios que nos rodean, se verá cómo sus historias emergen, porque las historias de los edificios y las historias de las personas están inextricablemente entrelazadas.

Peter Allen y Ziggy Hanaor

MONUMENTOS NEOLÍTICOS

CUÁNDO: 4000-2000 A.C.
DÓNDE: EUROPA DEL NORTE

El período Neolítico se extendió desde aproximadamente el 7000 a.C. hasta el 1700 a.C. Durante este tiempo no existía historia escrita, por lo que se sabe muy poco al respecto. En Europa, un pequeño grupo de monumentos misteriosos es todo lo que ha quedado. Estos monumentos son principalmente cámaras funerarias, hechas de montículos de tierra, y piedras erguidas, que probablemente formaban parte de rituales religiosos.

Túmulo funerario de Newgrange
Irlanda, 3200 a.C.

Un vasto túmulo funerario rodeado por un muro de piedras grabadas. En el solsticio de invierno, el sol naciente inunda la cámara funeraria interior con luz.

Las piedras de Carnac
Francia, 3300 a.C.

Una colección de más de 3000 piedras erguidas, algunas de hasta cuatro metros de altura, dispuestas en 11 filas, a lo largo de un kilómetro, con círculos de piedra en ambos extremos.

Avebury, Inglaterra, 3000–2400 a.C.

Un henge (término que designa una estructura circular compuesta por un banco de tierra y una zanja) que alberga tres grandes círculos de piedra. Probablemente fue un centro regional para ceremonias religiosas, comercio y banquetes.

Skara Brae Escocia, 3000 a.C.

En las remotas islas Orcadas se encuentra el asentamiento neolítico más completo de Europa, compuesto por ocho casas de piedra construidas en el suelo para garantizar su aislamiento. Estas viviendas contienen muebles de piedra e incluso inodoros.

7

ZIGURAT DE UR

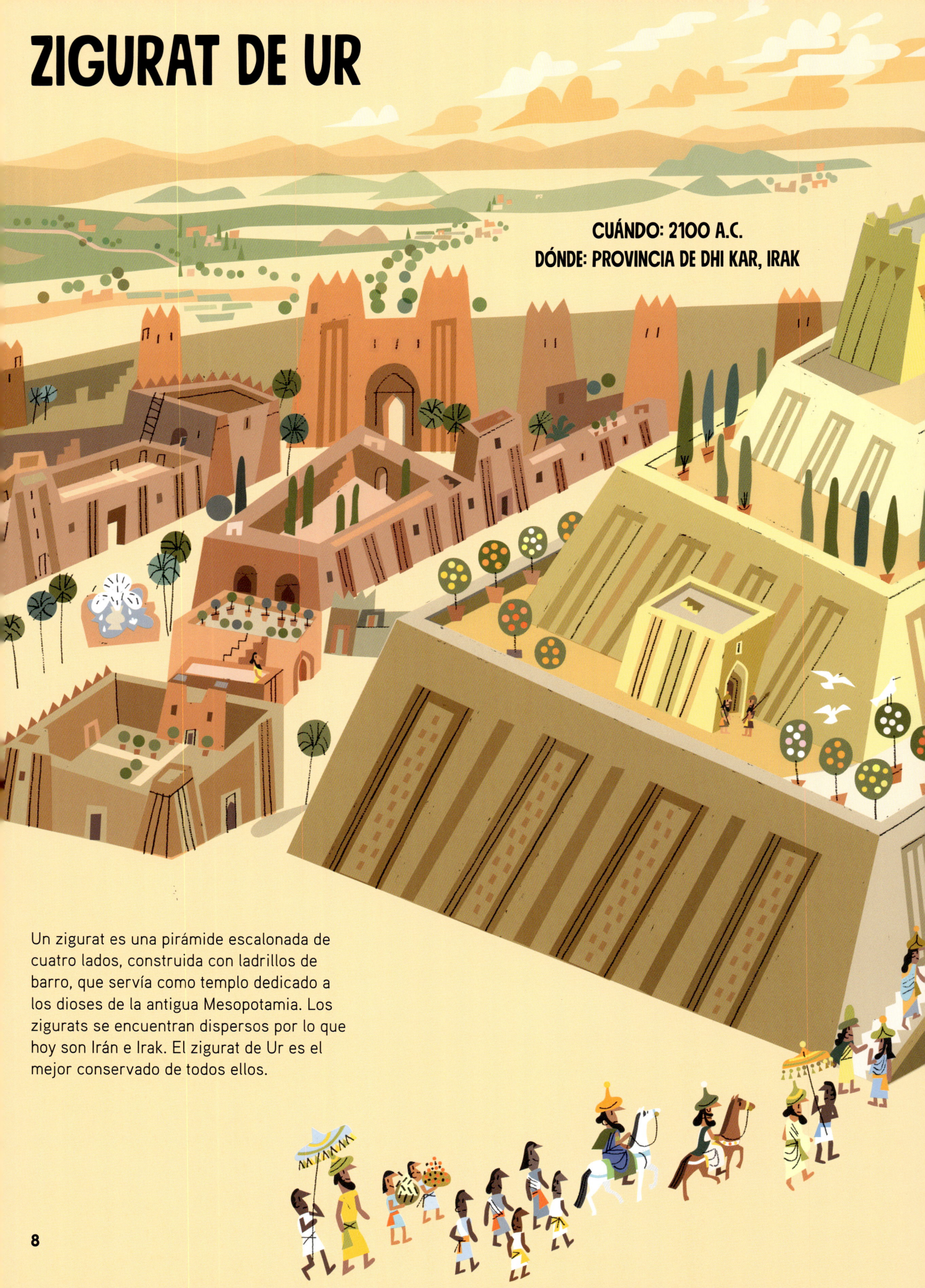

CUÁNDO: 2100 A.C.
DÓNDE: PROVINCIA DE DHI KAR, IRAK

Un zigurat es una pirámide escalonada de cuatro lados, construida con ladrillos de barro, que servía como templo dedicado a los dioses de la antigua Mesopotamia. Los zigurats se encuentran dispersos por lo que hoy son Irán e Irak. El zigurat de Ur es el mejor conservado de todos ellos.

Construido por el rey Ur-Nammu en honor al dios lunar Nanna, el zigurat formaba parte de un complejo templario en el corazón de la gran ciudad de Ur. Con 64 m de largo y 30 m de alto, el zigurat habría sido visible desde kilómetros a la redonda, sirviendo como símbolo de la riqueza de la ciudad.

Solo sobreviven los cimientos de la estructura, pero originalmente, el templo de Nanna estaba situado en la cima de la edificación, decorado con ladrillos vidriados de color azul. Se pensaba que los dioses habitaban en sus templos, por lo que el templo de Nanna habría incluido un dormitorio donde él descansaba y una cocina donde sus sirvientes mortales preparaban su comida.

El templo cayó en ruinas, pero fue restaurado en el siglo VI a. C. Posteriormente, fue abandonado de nuevo y olvidado hasta que sus restos se excavaron en la década de 1920. Fue restaurado una vez más en la década de 1980.

PIRÁMIDES DE MEROE

CUÁNDO: 800 A.C.-100 D.C.
DÓNDE: NORESTE DE SUDÁN

En el desierto de Sudán, a orillas del Nilo, se encuentra una colección de más de 200 antiguas pirámides, los restos de la ciudad de Meroe, que fue la capital del gran reino de Kush.

Estas pirámides, construidas con granito y piedra arenisca, son conocidas como pirámides nubias.

Erigidas 1000 años después que sus homólogas egipcias, presentan una base más estrecha y pendientes más pronunciadas. Tienen una altura que varía entre seis y 30 metros y, a menudo, cuentan con una estructura de templo en su base.

Cuando las pirámides fueron descubiertas en la década de 1830, sufrieron el saqueo de ladrones de tumbas, quienes destruyeron las partes superiores de muchas en sus intentos por alcanzar los tesoros de su interior.

Estas pirámides sirvieron como tumbas para reyes, reinas y nobles, quienes eran momificados y enterrados con joyas y otros bienes terrenales. Dichos bienes provenían de todo el vasto imperio de Kush, que se extendía desde el Mediterráneo hasta el corazón de África.

MONASTERIO COLGANTE DE SHANXI

CUÁNDO: 491 D.C.
DÓNDE: PROVINCIA DE SHANXI, CHINA

Este templo desafía la gravedad y se encuentra construido en el acantilado del pico Cuiping, a 76 m de altura. Está anclado mediante vigas transversales de roble que han sido talladas en la roca que lo respalda.

Según la leyenda, el templo fue erigido por un solo hombre, un monje llamado Liaoran, de la dinastía Wei del Norte, quien tuvo la visión de un lugar donde los monjes pudieran meditar sin la distracción de las tierras circundantes.

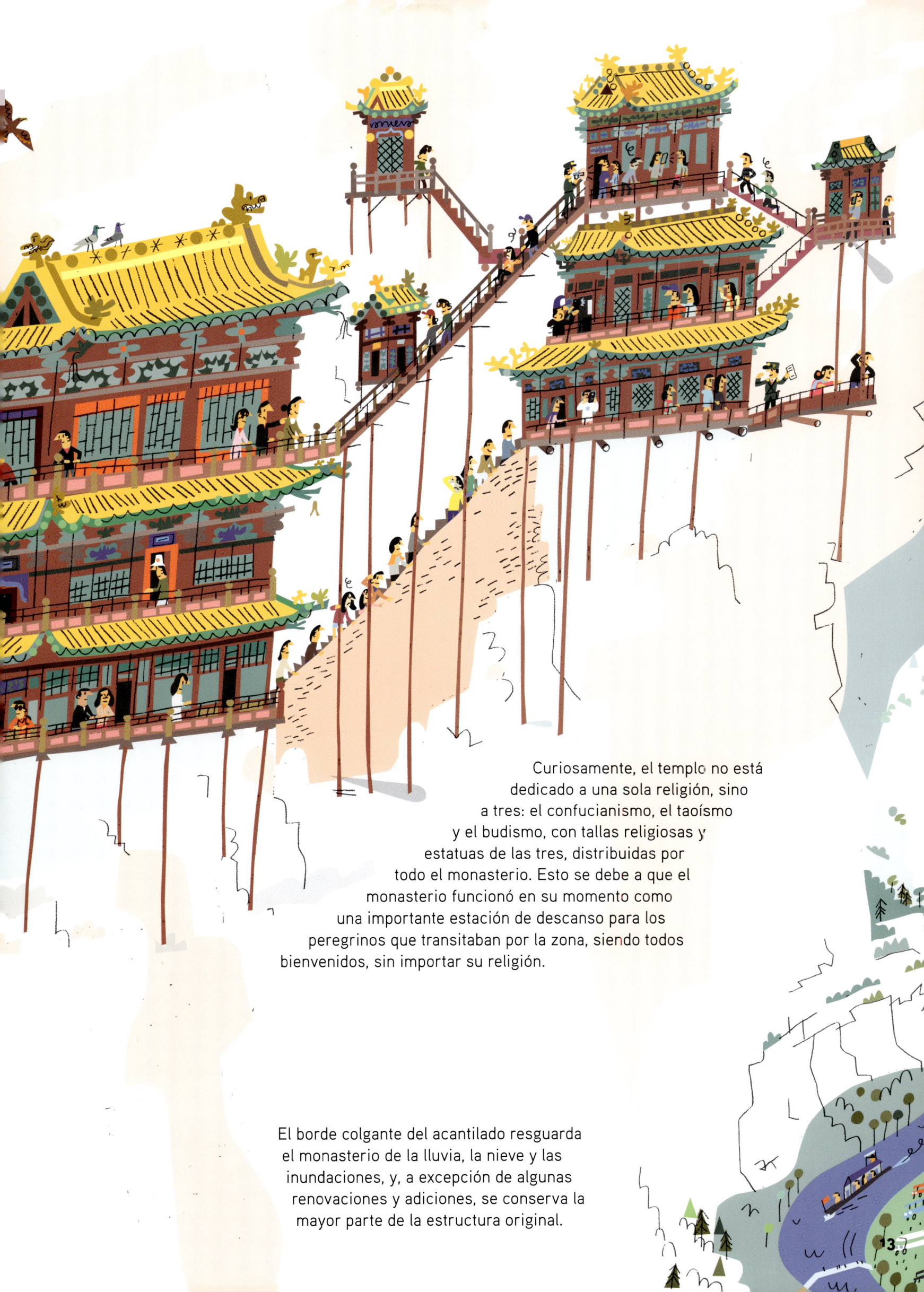

Curiosamente, el templo no está
dedicado a una sola religión, sino
a tres: el confucianismo, el taoísmo
y el budismo, con tallas religiosas y
estatuas de las tres, distribuidas por
todo el monasterio. Esto se debe a que el
monasterio funcionó en su momento como
una importante estación de descanso para los
peregrinos que transitaban por la zona, siendo todos
bienvenidos, sin importar su religión.

El borde colgante del acantilado resguarda
el monasterio de la lluvia, la nieve y las
inundaciones, y, a excepción de algunas
renovaciones y adiciones, se conserva la
mayor parte de la estructura original.

SANTA SOFÍA

CUÁNDO: 537 D.C.
DÓNDE: ESTAMBUL (ANTERIORMENTE CONSTANTINOPLA), TURQUÍA

Santa Sofía (o Hagia Sophia, «Sabiduría Santa» en griego) fue una imponente iglesia ubicada en el corazón de Constantinopla, la capital del Imperio bizantino. Fue ordenada construir por el emperador romano Justiniano I como símbolo de su poder. Completada en tan solo seis años, la iglesia fue el edificio más grande del mundo durante muchos siglos.

Destaca por su enorme techo abovedado, con un diámetro de aproximadamente 33 m. Una cúpula de tal magnitud, sin refuerzos de acero, sigue siendo considerada una maravilla de la ingeniería.

Originalmente, el edificio estaba revestido con mármol blanco brillante. En su interior, se decoraba con mosaicos dorados y tesoros traídos de los rincones más remotos del Imperio bizantino.

El edificio funcionó como iglesia hasta 1453, cuando el Imperio otomano lo transformó en mezquita, añadiendo cuatro minaretes y destruyendo muchas de sus características originales.

Santa Sofía ejerció una profunda influencia en la arquitectura oriental durante siglos. Hoy en día, funciona como museo.

PUENTE ANJI

CUÁNDO: 595-605 D.C.
DÓNDE: PROVINCIA DE HEBEI, CHINA

El puente Anji (que significa «puente de cruce seguro») fue construido durante el reinado de la poderosa dinastía Sui. Cruza el río Xiao, conectando importantes rutas comerciales a lo largo de China.

El puente fue diseñado por un artesano llamado Li Chun. Hasta ese momento, los puentes se construían principalmente con un solo arco semicircular. El diseño de Chun supuso un avance ingenieril, ya que el arco principal está sostenido por dos arcos más pequeños a cada lado.

Este ingenioso diseño permitió que el arco fuera mucho menos empinado, facilitando el cruce del puente. Además, hizo posible una construcción más ligera, utilizando un 40 % menos de materiales.

16

El arco central está formado por 28 delgadas losas de piedra caliza curvadas, unidas por remaches de hierro. Esto permite que el puente se desplace, lo que significa que no colapsará, aunque una parte se rompa.

Durante las inundaciones, el agua se desvía a través de los arcos más pequeños, ejerciendo menos presión sobre la estructura.

Aún en pie 1400 años después, ha resistido 8 guerras, 10 inundaciones y varios terremotos. Es el puente de piedra más antiguo de su tipo en el mundo.

TEMPLOS DE HORYU-JI

CUÁNDO: 607 D.C.
DÓNDE: REGIÓN DE KANSAI, JAPÓN

El complejo de templos de Horyu-ji alberga 26 edificios de madera, entre los que se encuentra una pagoda de cinco pisos, la estructura de madera más antigua del mundo.

El complejo fue encargado por el príncipe Shotoku, quien introdujo la religión budista de China en Japón. Los edificios fueron construidos utilizando técnicas tradicionales chinas, que más tarde se difundieron en la región.

Horyu-ji fue dedicado a Yakushi Nyorai, el Buda de la curación. Se dice que un fragmento de los huesos del Buda está consagrado en la base de la pagoda.

Los edificios ornamentados son característicos de la época. Los techos, cubiertos con tejas pesadas, descansan sobre ménsulas de madera decoradas con hermosos tallados de dragones.

Estos edificios están erigidos sobre plataformas de doble terraza. En muchos de ellos, las columnas se curvan y afinan suavemente, lo que hace que, al ser observadas desde lejos, aparenten ser perfectamente rectas.

19

MEZQUITA JAMEH DE ISFAHÁN

CUÁNDO: 771-1997 D.C.
DÓNDE: ISFAHÁN, IRÁN

Construida a lo largo de 12 siglos, esta imponente mezquita ilustra el desarrollo de la arquitectura islámica a lo largo del tiempo.

Erigida en el siglo XI por los turcos selyúcidas sobre el emplazamiento de una mezquita anterior, fue destruida por un incendio. Los selyúcidas establecieron Isfahán como su capital y levantaron la mezquita central en un innovador estilo de cuatro iwanes. Un iwan es una sala abovedada abierta por un lado hacia un patio. Las puertas de los cuatro iwanes están dispuestas frente a frente, lo que da lugar a un vasto patio central.

Inicialmente, las cuatro puertas estaban abiertas, lo que convertía el patio en un vibrante centro peatonal en el corazón de la ciudad: un espacio para los negocios, las relaciones comunitarias y la adoración.

Tras la caída del Imperio selyúcida, la mezquita fue embellecida y ampliada por diversos gobernantes persas, lo que permitió su expansión hasta cubrir más de 20 000 m². Sus decoraciones interiores reflejan la evolución de los estilos islámicos a lo largo de los siglos.

Las dos impresionantes cúpulas del siglo XI se destacan como elementos arquitectónicos clave. Fueron construidas utilizando una estructura de «doble capa ribeteada», lo que permitió lograr una proporción y un equilibrio perfectos. Esta innovadora técnica de ingeniería se extendió por todo el mundo islámico.

CHAND BAORI

CUÁNDO: 800 D.C.
DÓNDE: RAJASTÁN, INDIA

Un «baori» es un tipo de pozo rodeado de escalones, característico de la India. Estos pozos proporcionan acceso al agua para beber y bañarse a las comunidades de regiones áridas, como Rajastán.

Chand Baori es el mayor y más impresionante de los pozos escalonados de la India. Fue construido por el rey Chandra de la dinastía Nikumbha y cuenta con 3500 escalones estrechos dispuestos con una simetría perfecta en tres de los lados del gran pozo. En el cuarto lado, se erige un pabellón de piedra finamente tallado, con elegantes galerías y balcones, que fue ampliado a lo largo de los siglos.

El juego de luces y sombras sobre los escalones varía a lo largo del día, convirtiendo el pozo en un laberinto visual.

Los escalones descienden 20 metros bajo tierra, y la temperatura en el fondo es aproximadamente seis grados más baja que en la superficie. El pozo no solo servía como fuente de agua, sino también como un lugar de meditación, oración y encuentro social durante las horas más calurosas del día. Los miembros de la realeza se refugiaban en el pabellón, mientras que el pueblo se congregaba en los escalones inferiores.

CATEDRAL DE CHARTRES

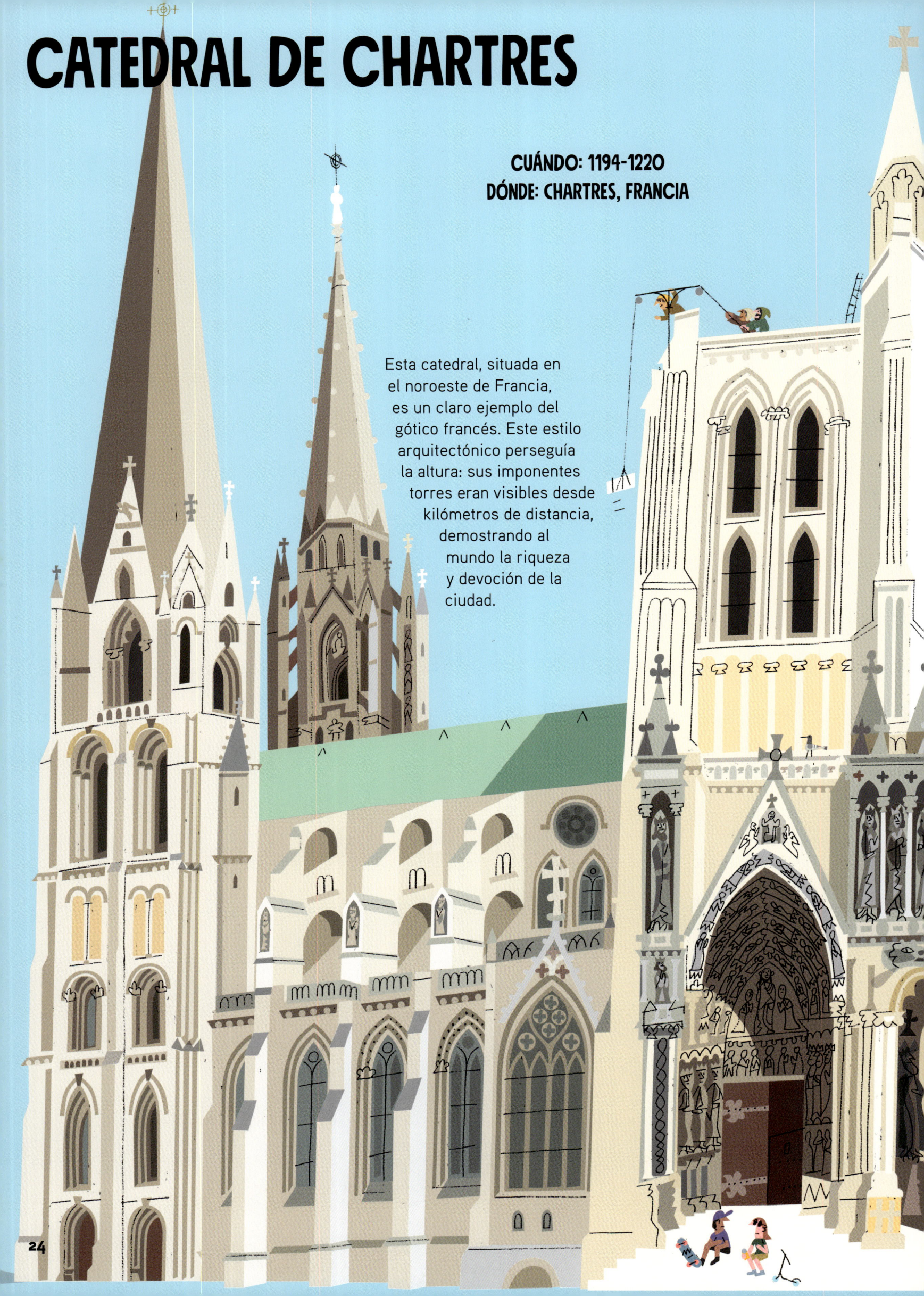

CUÁNDO: 1194-1220
DÓNDE: CHARTRES, FRANCIA

Esta catedral, situada en el noroeste de Francia, es un claro ejemplo del gótico francés. Este estilo arquitectónico perseguía la altura: sus imponentes torres eran visibles desde kilómetros de distancia, demostrando al mundo la riqueza y devoción de la ciudad.

Para lograr esta altura, la catedral de Chartres emplea arbotantes: arcos que se extienden desde la parte superior de la pared exterior hasta un pilar situado a cierta distancia. Estos soportan el peso del edificio, alto y esbelto, permitiendo que los muros estén ocupados por 176 vidrieras ornamentadas que inundan el interior con una luz dramática.

Presenta numerosos elementos típicos de esta arquitectura, como arcos apuntados y detalladas esculturas decorativas. Se dice que alberga una reliquia sagrada: un fragmento de la túnica de la Virgen María, lo que la convirtió en un destino popular para los peregrinos cristianos, tradición que continúa hasta hoy.

Toda la catedral está decorada con cientos de esculturas de figuras bíblicas en las posturas expresivas características del estilo gótico.

IGLESIA DE MADERA DE BORGUND

CUÁNDO: CA. 1200
DÓNDE: BORGUND, NORUEGA

Las iglesias de madera, o «stavkirke», son pequeñas edificaciones cuyos muros están formados por tablones verticales de madera. Eran comunes en las comunidades rurales de Escandinavia durante la Edad Media, época en la que la madera abundaba. La mayoría fueron destruidas y reemplazadas por iglesias de piedra en el siglo XIX, aunque en Noruega aún se conservan 28.

La iglesia de Borgund es una de las mejor conservadas. Presenta tejados escalonados con aleros salientes, coronados por una torreta, cuya estructura protege el edificio de la lluvia y la nieve.

En los frontones se encuentran cuatro cabezas de dragón talladas, similares a las de los barcos vikingos. En el portal principal, destacan intrincadas tallas de flores, serpientes en combate y dragones alados.

El interior, aunque sencillo, probablemente contó con más decoraciones talladas que, con el tiempo, se han perdido o destruido. En el muro oeste de la iglesia, hay antiguas inscripciones rúnicas, una de las cuales dice: «Thor escribió estas runas en la víspera de la misa de San Olaf».

IGLESIA DE SAN JORGE

CUÁNDO: CA. 1200
DÓNDE: LALIBELA, ETIOPÍA

La iglesia de San Jorge es un ejemplo de arquitectura monolítica: construcciones esculpidas o moldeadas a partir de un solo bloque de material, en este caso, roca volcánica.

Fue mandada construir por el rey Lalibela, quien, según la leyenda, recibió instrucciones divinas para crear una «nueva Jerusalén» en las montañas del centro de Etiopía.

Un conjunto de once iglesias monolíticas fue excavado en la roca, con una zanja en el centro que simboliza el río Jordán. Un lado del «río» representa la Jerusalén terrenal y el otro, la Jerusalén celestial.

La iglesia de San Jorge es la más elaborada del conjunto. Se trata de una construcción en forma de cruz excavada en la montaña, con ventanas, puertas y delicados grabados tallados en la roca.

En su interior, hay un sencillo santuario dedicado a San Jorge y una réplica del Arca de la Alianza.

El acceso solo es posible a través de un desfiladero oculto, lo que hace que desde el aire parezca completamente inaccesible.

Lalibela es uno de los lugares más sagrados de Etiopía y un importante destino de peregrinación cristiana.

PALACIO DUCAL

CUÁNDO: 1340-1424

DÓNDE: VENECIA, ITALIA

El Palazzo Ducale, o Palacio Ducal, es uno de los edificios más emblemáticos de Venecia. Sirvió como residencia del Dux, el gobernante elegido de la ciudad.

Fue también el centro del gobierno de la poderosa República de Venecia.

La estructura del edificio sigue un ritmo visual: grandes arcos góticos apuntados dan paso a arcos más pequeños, que se transforman en intrincados patrones de piedra rosa y blanca. Además, los adornos en la parte superior refuerzan el efecto visual de los motivos inferiores.

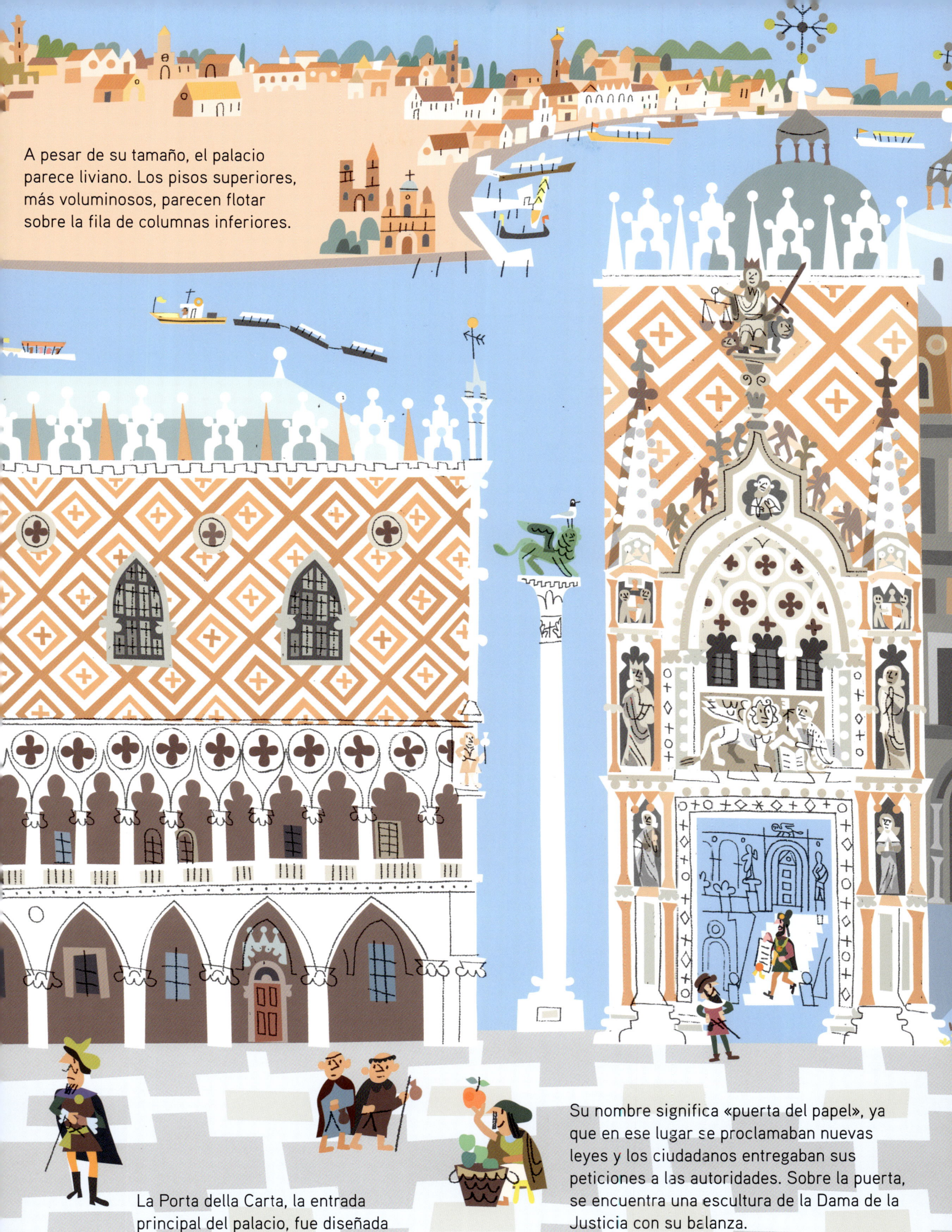

A pesar de su tamaño, el palacio parece liviano. Los pisos superiores, más voluminosos, parecen flotar sobre la fila de columnas inferiores.

La Porta della Carta, la entrada principal del palacio, fue diseñada por los hermanos Giovanni y Bartolomeo Bon.

Su nombre significa «puerta del papel», ya que en ese lugar se proclamaban nuevas leyes y los ciudadanos entregaban sus peticiones a las autoridades. Sobre la puerta, se encuentra una escultura de la Dama de la Justicia con su balanza.

MEZQUITA DE DJINGUEREBER

CUÁNDO: 1327
DÓNDE: TOMBUCTÚ, MALI

Djinguereber es una mezquita y madrasa que forma parte de la Universidad de Tombuctú. Construida casi en su totalidad con barro, fue mandada erigir por el emperador Musa I, considerado el hombre más rico de la historia.

Según la tradición, el emperador pagó 200 kg de oro al poeta hispano-egipcio Abu Es Haq es Saheli para diseñar la mezquita. Este elegante y orgánico edificio cuenta con dos minaretes en forma de pirámide, tres patios interiores y capacidad para 2000 fieles. Sin embargo, es poco probable que Saheli la diseñara solo sin la colaboración de un arquitecto.

La mezquita está construida con banco, un material compuesto por barro fermentado y cáscaras de grano, moldeado en ladrillos. Se extrae del suelo de forma similar a la turba.

En la época de su construcción, Tombuctú era una próspera ciudad oasis. Hoy, sin embargo, es una urbe empobrecida que sufre los efectos de la desertificación, el avance del Sahara provocado por el cambio climático.

La escasez de banco complica las tareas de conservación del edificio, mientras que las sequías y las lluvias torrenciales deterioran su frágil estructura de barro, que requiere mantenimiento constante. Para su restauración, a veces se organizan festivales en los que la comunidad se reúne y participa en la renovación de la mezquita, disfrutando del proceso pese a quedar cubierta de barro.

AYUTTHAYA

CUÁNDO: 1350-1767
DÓNDE: TAILANDIA (ANTIGUAMENTE SIAM)

La ciudad de Ayutthaya fue la capital del poderoso reino de Siam. Ubicada en una isla rodeada por tres ríos, en un punto estratégico entre la India y China, se convirtió en una zona clave en las rutas comerciales de Oriente, atrayendo comerciantes y viajeros de China, Japón, Portugal, Persia e Inglaterra, entre otros.

En 1767, el ejército birmano arrasó la ciudad, pero sus ruinas aún reflejan su antigua grandeza. Sus edificaciones se dividen en dos tipos principales: los chedi, con bases abovedadas y estilizadas agujas puntiagudas, y los prang, estructuras más altas, con forma de mazorca de maíz, que simbolizan el cercano monte Meru.

A comienzos del siglo XVIII, Ayutthaya contaba con un millón de habitantes, lo que la convertía en una de las ciudades más grandes y cosmopolitas del mundo. Sus numerosos canales le valieron el sobrenombre de «Venecia de Oriente».

El monasterio Wat Phra Si Sanphet es un chedi compuesto por tres imponentes pagodas puntiagudas. Construido en 1350, funcionaba como capilla real y albergaba una estatua de Buda recubierta con 170 kg de oro.

Wat Mahathat es una estructura tipo prang, decorada con intrincados relieves tallados. Contiene importantes reliquias sagradas del budismo.

LITTLE MORETON HALL

CUÁNDO: 1504-1610
DÓNDE: CHESHIRE, REINO UNIDO

Little Moreton Hall es un ejemplo de la arquitectura británica más peculiar. La familia Moreton amasó su fortuna adquiriendo tierras tras la peste negra y construyó esta casa para mostrar su nueva prosperidad. Aunque en Inglaterra ya se encontraba en pleno Renacimiento, optaron por un estilo medieval de «entramado de madera», en el que la estructura queda expuesta.

La fachada es altamente decorativa, con vigas que forman patrones en zigzag y rombos. Este estilo era común en Alemania, y menos frecuente en Gran Bretaña.

La forma del edificio también es peculiar. Es asimétrica, con el tercer piso sobresaliendo sobre los dos inferiores y una larga galería que los recorre. Algunos lo han descrito como un «arca de Noé encallada».

En su interior, casi no hay pasillos. Las habitaciones se conectan directamente entre sí, lo que dificulta saber qué función tenían originalmente. La casa está rodeada por un foso que no tiene ningún propósito práctico.

Se dice que Little Moreton Hall está encantada: una dama gris vaga por la galería y, en la capilla, se han oído los sollozos de un niño fantasma.

ARQUITECTURA TRADICIONAL JAPONESA

Los edificios tradicionales japoneses casi siempre se construyen con madera, nunca con piedra. Se elevan ligeramente sobre el suelo y suelen tener grandes tejados que sobresalen más allá de las paredes, creando un espacio sombreado en el interior. El interior suele consistir en un único espacio amplio con paneles corredizos en lugar de paredes fijas, lo que permite modificar la distribución según sea necesario. La arquitectura está diseñada para integrarse de manera armoniosa con su entorno natural.

Santuario sintoísta

Un santuario sintoísta alberga objetos sagrados (kami). Suelen tener techos ornamentados y una veranda que rodea el edificio. El kami se guarda en un santuario interior llamado honden. Algunos santuarios antiguos incluyen un templo budista en su interior o en sus cercanías.

Villa imperial de Katsura, 1645

Este complejo de residencias reales, santuarios y casas de té es un ejemplo clásico de arquitectura tradicional japonesa. Sus edificios están dispuestos en jardines cuidadosamente diseñados, con paneles deslizantes que conectan el interior con el mundo exterior. Los suelos elevados están cubiertos con esteras de junco llamadas tatami.

Casas de té japonesas

Las ceremonias del té en Japón son rituales espirituales influenciados por el budismo zen. Se centran en la paciencia, la humildad y la aceptación. Se celebran en edificaciones sencillas y modestas, situadas en plena naturaleza y diseñadas para transmitir paz y serenidad.

KIZHI POGOST

CUÁNDO: 1714
DÓNDE: REPÚBLICA DE CARELIA, RUSIA

En una isla en el centro del lago Onega, en la remota región de Carelia, al norte de Rusia, se alzan tres estructuras de madera: dos iglesias y un campanario, ejemplos de las extraordinarias tradiciones de carpintería que, en tiempos pasados, eran comunes en la zona. No se usaron clavos en su construcción, salvo en las cúpulas y las tejas del tejado.

La leyenda cuenta que el maestro constructor, Néstor, usó un único hacha para toda la obra. Al terminar, la arrojó al lago con estas palabras: «No hubo ni habrá otra igual».

La edificación más impresionante es la Iglesia de la Transfiguración. Construida sobre los restos de una iglesia anterior, cuenta con 22 cúpulas de distintos tamaños y formas.

Es una de las estructuras de madera más antiguas de Europa. En su interior, se encuentra un elaborado iconostasio: un biombo de madera cubierto con iconos religiosos tallados.

CASBA DE ARGEL

CUÁNDO: SIGLOS XVII-XVIII
DÓNDE: ARGEL, ARGELIA

La casba es el barrio amurallado de la ciudad de Argel, una ladera de edificios blancos que descienden hasta el mar Mediterráneo. La ciudad fue construida en el siglo X, pero un terremoto la destruyó. La mayor parte de lo que se conserva hoy en día fue edificada bajo el dominio del Imperio otomano. Además de viviendas, la Casba alberga numerosas mezquitas y palacios.

En su época, fue hogar de cálifas adinerados (gobernantes musulmanes) y también de piratas. En las décadas de 1950 y 1960, sus tortuosas calles sirvieron de refugio a los rebeldes que luchaban por la independencia del dominio colonial francés.

El Dar Mustapha Pacha es un palacio morisco situado en la casba. Construido alrededor de un amplio patio, cuenta con galerías arqueadas, techos de vigas de madera y una hermosa decoración de azulejos. Se edificó en 1798 y es uno de los pocos edificios importantes que no sufrió daños durante la ocupación francesa.

FORTALEZA DE HWASEONG

CUÁNDO: 1794-1796
DÓNDE: SUWON, COREA DEL SUR

Hwaseong es la fortaleza de piedra y ladrillo que rodea la ciudad de Suwon. Fue mandada construir por el rey Jeongjo como respuesta a sus guerras con Japón. En lugar de edificar una fortaleza en la montaña como refugio, el rey decidió fortificar la ciudad misma.

Las murallas rodean un área de aproximadamente 1,3 km² e incluyen torres para lanzar flechas, puertas secretas, torres de observación, búnkeres y un extenso palacio real. También albergan la tumba del padre del rey Jeongjo, quien fue brutalmente ejecutado por su propio padre al ser encerrado vivo en un cofre de arroz.

El rey Jeongjo colaboró con un arquitecto llamado Jeong Yakyong, líder del Movimiento de Aprendizaje Práctico. Este movimiento promovía el uso de la ciencia y la industria, y reunía las técnicas de diseño y construcción más avanzadas de Europa y Asia.

Para levantar la fortaleza, se utilizaron complejos sistemas de poleas. Estos métodos de construcción vanguardistas fueron empleados en toda Corea durante muchos años.

45

PABELLÓN DE BRIGHTON

CUÁNDO: 1787-1823

DÓNDE: BRIGHTON, REINO UNIDO

El Pabellón Real de Brighton, con sus extravagantes cúpulas, alminares y agujas, es una vista sorprendente en medio de la ciudad costera de Brighton. Originalmente se diseñó como un «pabellón marino» para el rey Jorge III (conocido como el «rey loco»), quien deseaba un refugio junto al mar en esta ciudad en expansión.

Cuando su hijo ascendió al trono, el joven príncipe regente fue más allá y encargó al arquitecto John Nash la transformación del edificio en un palacio de recreo. Inspirado en los tesoros provenientes de la India y China coloniales, Nash diseñó un edificio con múltiples cúpulas que guarda más relación con el Taj Mahal que con la arquitectura circundante.

El interior también refleja influencias chinas e indias, con murales exóticos y una lujosa decoración de todos los rincones del Imperio británico. La araña del Salón de Banquetes pesa más de una tonelada. Las paredes de la Sala de Música están recubiertas de seda dorada y su techo abovedado está adornado con cientos de conchas doradas.

La reina Victoria desaprobaba tanto el edificio como las indulgencias de sus predecesores y, en 1850, lo vendió a la ciudad de Brighton por 50 000 libras.

CASTILLO DE NEUSCHWANSTEIN

CUÁNDO: 1869-1892
DÓNDE: BAVIERA, ALEMANIA

El castillo de Neuschwanstein («Nueva Piedra del Cisne») fue diseñado y erigido por el rey Luis II de Baviera sobre las ruinas de un antiguo castillo, en las estribaciones de los Alpes.

Luis II, nostálgico de tiempos más sencillos, fusionó diversos estilos arquitectónicos para crear una interpretación idealizada de un castillo medieval de caballeros.

Gran aficionado a la ópera, Luis II dedicó el castillo a su amigo íntimo, el compositor Richard Wagner.

Luis II no reparó en gastos. Las habitaciones se adornaron con mármol, murales y mosaicos. Se erigió una gruta de cuento de hadas con un canal artificial y barcos ornamentados en forma de cisne. A pesar de su estilo medieval, Luis II insistió en emplear las tecnologías más avanzadas del siglo XIX, como vigas de acero, líneas telefónicas, inodoros con cisterna y calefacción central.

Ante el descontrol de los costes, el gobierno de Luis se rebeló y este falleció en circunstancias misteriosas en 1886, tras haber pasado once noches en el castillo. Solo se completaron unas pocas habitaciones. El resto del edificio se terminó de forma más sencilla tras su muerte.

Si el castillo te resulta familiar, es porque inspiró el famoso castillo de *La Bella Durmiente* de Disney. ¡La fantasía de Luis II sigue viva!

CASA DEL JEFE WAKA

CUÁNDO: CA. 1890

DÓNDE: ALERT BAY, COLUMBIA BRITÁNICA, CANADÁ

Cuando los europeos llegaron a Canadá a finales del siglo XVIII, llevaron consigo la viruela y la gripe, que devastaron gran parte de las poblaciones indígenas del noroeste del Pacífico. Estas enfermedades afectaron especialmente a las personas mayores, quienes, como ancianos respetados, eran los líderes de sus comunidades. En apenas 50 años, muchas culturas, tradiciones e incluso idiomas se perdieron.

El jefe Waka, de la nación Kwakwa'ka'wakw, erigió una casa como símbolo de orgullo por un legado que ya estaba al borde de la extinción. La construcción siguió el estilo de las casas de tablones, utilizado por los pueblos indígenas durante casi 3000 años, con tablones de cedro superpuestos que la protegían del viento y la nieve.

En la parte frontal se erigía un magnífico tótem que representaba los emblemas de la historia familiar del jefe. En la cima del tótem se hallaba el Trueno, Señor del Mundo Superior; debajo, la Orca, Señor del Mar; seguido por el Lobo, el Sabio (un humano), el Ave Caníbal y el Oso. En la base, el Cuervo, cuyo gran pico se abría y servía como entrada ceremonial a la casa.

CASA BATLLÓ

CUÁNDO: 1904-1906
DÓNDE: BARCELONA, ESPAÑA

Antoni Gaudí, el arquitecto catalán, gozó de total libertad para remodelar una vivienda en el centro de Barcelona destinada a la adinerada familia Batlló.

Gaudí desarrolló un estilo arquitectónico inconfundible. En lugar de dibujar sus diseños, los plasmaba en tres dimensiones, prestando atención a cada detalle e integrando cerámica, vidrieras, forja y otras disciplinas artesanales.

La Casa Batlló, también conocida como la Casa dels Ossos (Casa de los Huesos), destaca por su aspecto, que recuerda el esqueleto de un dragón gigante. Su fachada se caracteriza por amplias ventanas ovaladas, balcones de formas óseas y la escasez de líneas rectas. Los mosaicos de azulejos rotos que recubren su exterior crean un efecto ondulado, evocación de las escamas.

El techo presenta una forma arqueada y espinosa, adornado con mosaicos de vivos colores. En uno de sus extremos, se erige una torreta acompañada de una cruz, que rememora la espada que San Jorge clavó en la espalda del dragón.

En el extremo opuesto, una diminuta ventana triangular evoca el ojo del dragón.

Gaudí, ferviente católico, incorporaba con frecuencia motivos religiosos en sus obras, siendo la historia de San Jorge uno de los más recurrentes.

TORRE DE TATLIN

CUÁNDO: 1919
DÓNDE: SAN PETERSBURGO, RUSIA

La torre visionaria de hierro y vidrio, diseñada por Vladimir Tatlin, es probablemente el edificio más famoso que nunca se llegó a materializar. Concebida en los primeros años de la Rusia soviética, formaba parte de un programa destinado a reemplazar los monumentos del antiguo régimen por otros que encarnaran las ideas de la Revolución rusa.

ДА ЗДРАВСТВУЕТ IIIᴺ ИНТШОАРЛ

Tatlin, arquitecto y pintor, ideó una colosal estructura de hierro rojo, el doble de alta que la Torre Eiffel, que se erigiría sobre el río Neva en un audaz ángulo de 60°.

En el interior de esta estructura se contemplaban cuatro grandes espacios geométricos de vidrio: un cubo, una pirámide, un cilindro y una semiesfera. Estos espacios estaban destinados a albergar las oficinas de la Comintern, el brazo propagandístico del Partido Comunista.

Cada una de las formas giraría a una velocidad diferente: el cubo completaría una rotación al año, la pirámide al mes y el cilindro al día. De esta manera, el nuevo gobierno se asociaba con el Sol, la Tierra y la Luna.

El diseño buscaba representar la modernidad y el ímpetu de la revolución. No obstante, su colosal escala y la escasez de acero hicieron imposible su construcción. Hoy, solo perdura en fotografías de un modelo de madera que Tatlin elaboró junto a sus alumnos.

PALACIO DAR AL-HAJAR

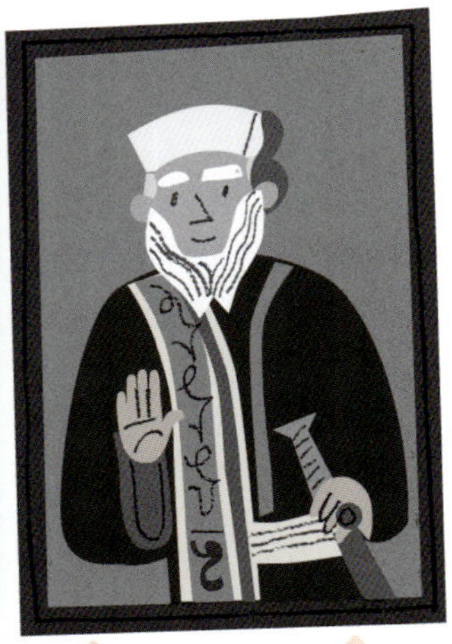

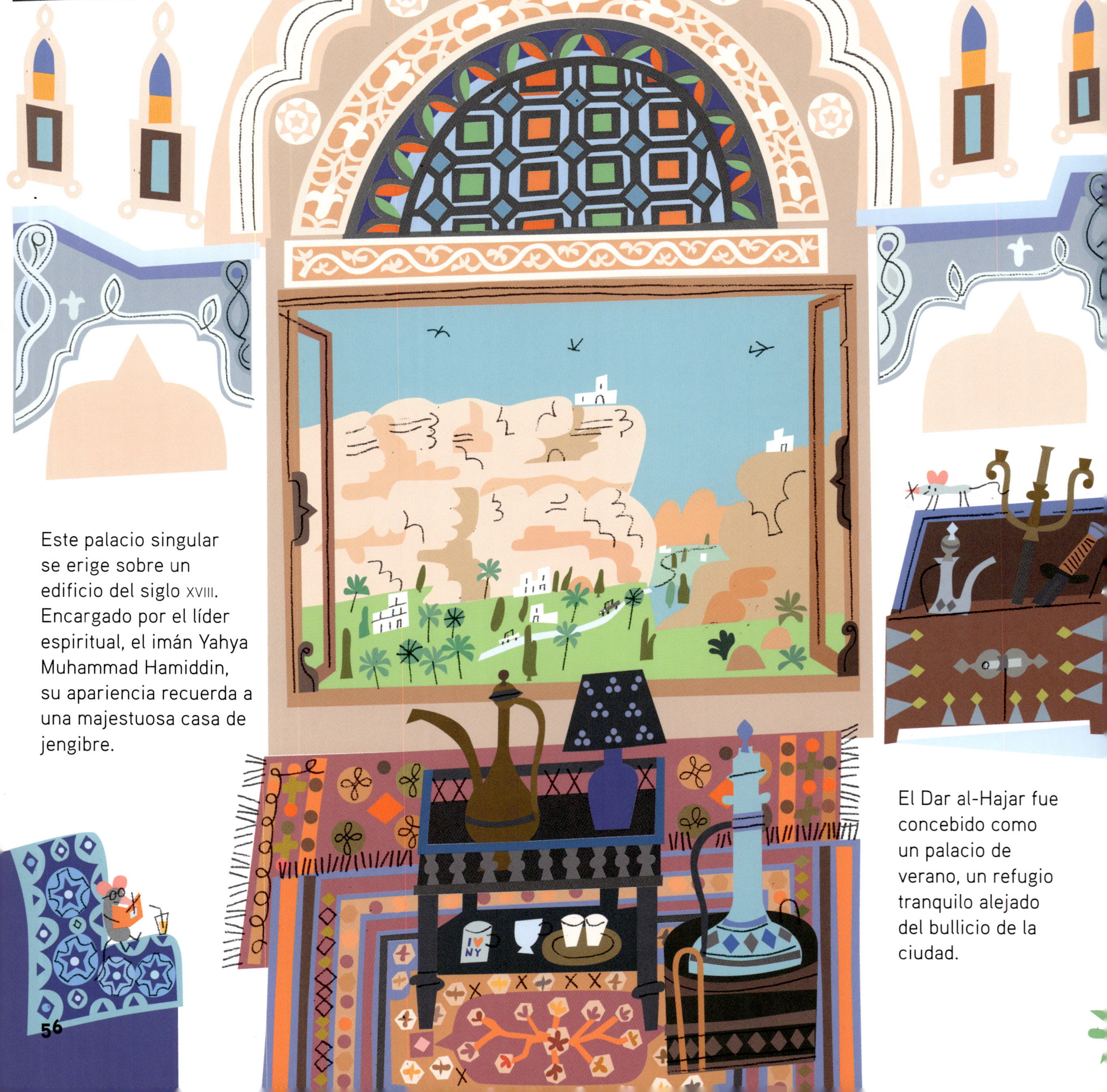

Este palacio singular se erige sobre un edificio del siglo XVIII. Encargado por el líder espiritual, el imán Yahya Muhammad Hamiddin, su apariencia recuerda a una majestuosa casa de jengibre.

El Dar al-Hajar fue concebido como un palacio de verano, un refugio tranquilo alejado del bullicio de la ciudad.

56

El palacio está edificado con la misma piedra que el acantilado sobre el que se erige, lo que dificulta distinguir dónde termina la roca y empieza el edificio. En su interior, el palacio se despliega como un laberinto de pasillos, escaleras y habitaciones. Hoy en día, funciona como museo y es un icono venerado de la arquitectura yemení.

CASA RIETVELD SCHRÖDER

CUÁNDO: 1924
DÓNDE: UTRECHT, PAÍSES BAJOS

Truus Schröder, una joven viuda, deseaba una casa que le ofreciera a ella y a sus tres hijos un estilo de vida moderno y flexible. Encargó su diseño a Gerrit Rietveld, un joven diseñador de muebles que, hasta ese momento, no había proyectado ningún edificio.

Rietveld formaba parte del movimiento artístico De Stijl, que aspiraba a reducir las formas a su expresión más pura.

A través de geometría precisa, abstracción y el uso de colores primarios, buscaban reflejar una verdad universal en sus creaciones.

El espacio principal de la casa fue concebido sin paredes, utilizando un sistema de paneles deslizantes y giratorios que permitían dividirlo en habitaciones privadas según las necesidades.

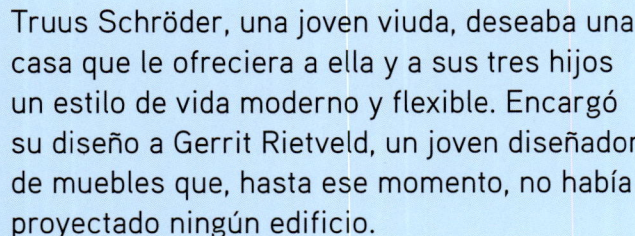

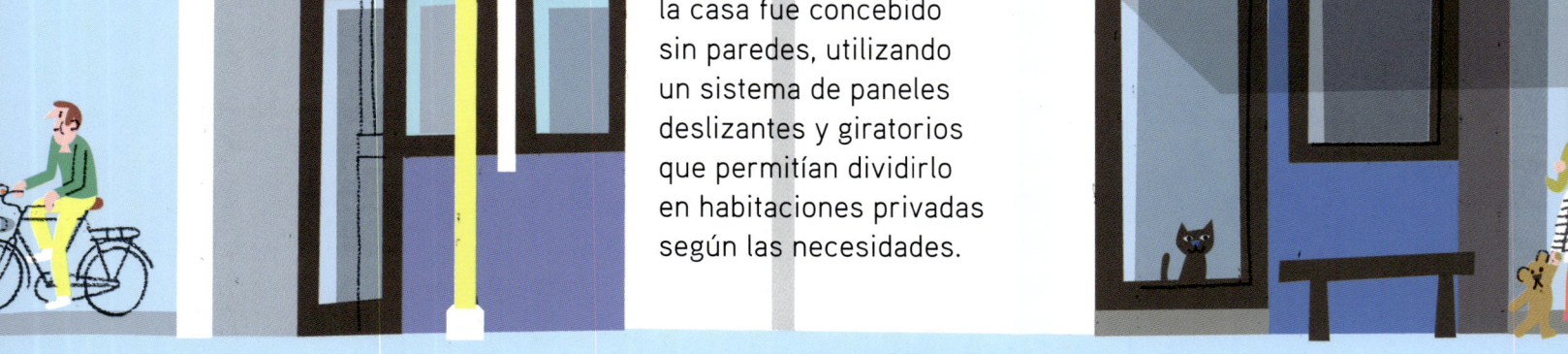

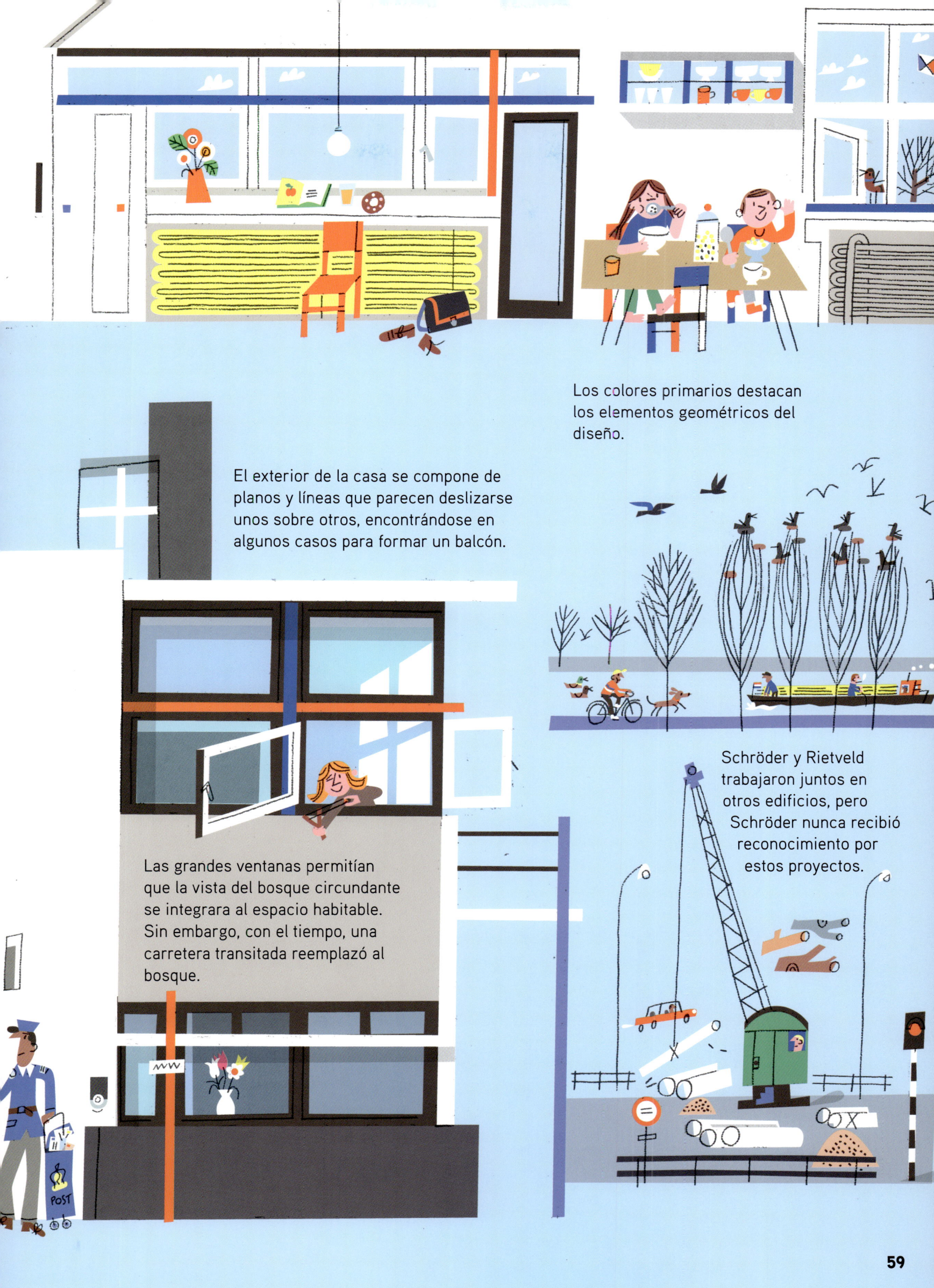

Los colores primarios destacan los elementos geométricos del diseño.

El exterior de la casa se compone de planos y líneas que parecen deslizarse unos sobre otros, encontrándose en algunos casos para formar un balcón.

Las grandes ventanas permitían que la vista del bosque circundante se integrara al espacio habitable. Sin embargo, con el tiempo, una carretera transitada reemplazó al bosque.

Schröder y Rietveld trabajaron juntos en otros edificios, pero Schröder nunca recibió reconocimiento por estos proyectos.

EXPOSICIONES UNIVERSALES

Tras la Revolución industrial, los avances en tecnología y ciencia progresaron rápidamente. Los países occidentales comenzaron a organizar exposiciones internacionales donde podían exhibir sus logros. Estas exposiciones, que duraban varios meses, se caracterizaban a menudo por estructuras que reflejaban las últimas ideas radicales y las tecnologías de construcción más avanzadas.

**Palacio de Cristal
Londres, Reino Unido, 1851**

La primera Exposición Universal oficialmente reconocida fue la 'Gran Exposición de los Trabajos de la Industria de Todas las Naciones' en Londres. El vidrio laminado, una nueva invención, fue utilizado de manera eficaz por el arquitecto Joseph Paxton en un vasto palacio de hierro fundido y vidrio. Posteriormente, el palacio fue trasladado y quemado en 1936.

**Pabellón de Mies Van Der Rohe
Barcelona, España, 1929**

Después de la Primera Guerra Mundial, Alemania quiso proyectar una imagen pacifista ante el mundo. El arquitecto Mies Van Der Rohe diseñó un elegante y minimalista pabellón alemán para la Exposición Universal de Barcelona, con un techo plano bajo que parecía flotar. Utilizó materiales lujosos que reflejaban un nuevo espíritu internacionalista.

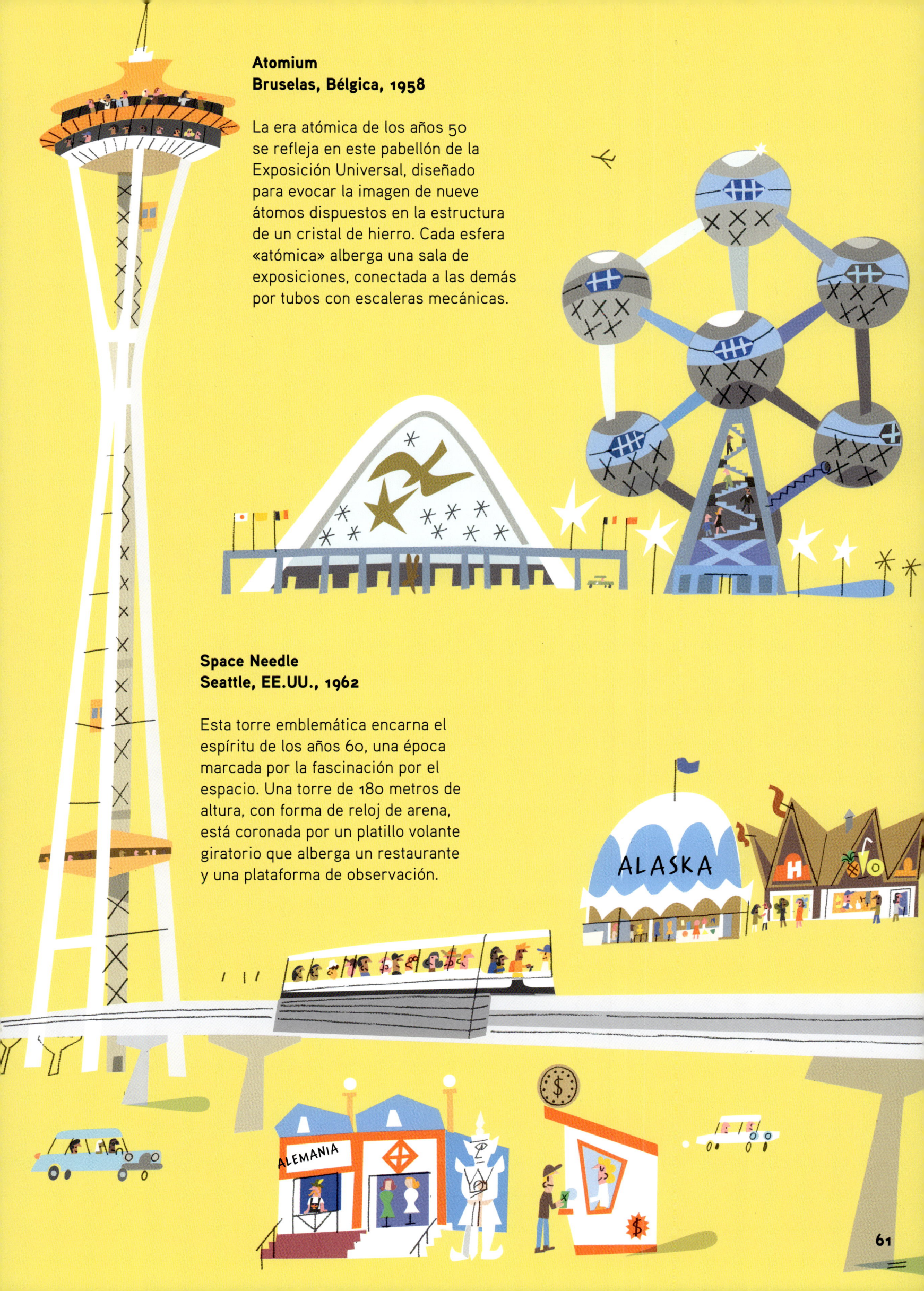

Atomium
Bruselas, Bélgica, 1958

La era atómica de los años 50 se refleja en este pabellón de la Exposición Universal, diseñado para evocar la imagen de nueve átomos dispuestos en la estructura de un cristal de hierro. Cada esfera «atómica» alberga una sala de exposiciones, conectada a las demás por tubos con escaleras mecánicas.

Space Needle
Seattle, EE.UU., 1962

Esta torre emblemática encarna el espíritu de los años 60, una época marcada por la fascinación por el espacio. Una torre de 180 metros de altura, con forma de reloj de arena, está coronada por un platillo volante giratorio que alberga un restaurante y una plataforma de observación.

ALASKA

ALEMANIA

CIUDAD UNIVERSITARIA, MÉXICO

CUÁNDO: 1949-1952
DÓNDE: CIUDAD DE MÉXICO, MÉXICO

El campus de la Universidad Nacional Autónoma de México (UNAM) es un conjunto de edificios diseñados por más de 60 arquitectos y artistas, que fusionan la historia y las tradiciones únicas de México con los principios del Funcionalismo.

El Funcionalismo, una filosofía que emergió a mediados del siglo xx y estuvo vinculada al socialismo, postulaba que la apariencia de un edificio debía ser un reflejo de su función y que esta debía contribuir a mejorar la calidad de vida de sus habitantes.

El campus se levanta sobre un lecho de roca volcánica, lo que hace que su paisajismo se integre de manera armónica con esta topografía inusual. Este diseño no solo resalta la geografía local, sino que también ofrece a los estudiantes amplios espacios al aire libre para la interacción y el esparcimiento.

El diseño arquitectónico del campus captura el espíritu revolucionario del México de los años 50, una época que aspiraba a la creación de una sociedad más justa e igualitaria, anclada en las tradiciones e historia únicas del país.

Los edificios presentan estructuras modernistas y depuradas, que contrastan con la riqueza de los murales que adornan sus paredes. Un ejemplo destacado es la Biblioteca Central, cuyo exterior está cubierto por impresionantes mosaicos que narran mitologías aztecas y escenas del México colonial, fusionando de manera única lo moderno con lo tradicional.

ESCUELAS NACIONALES DE ARTE DE CUBA

CUÁNDO: 1961-1965
DÓNDE: LA HABANA, CUBA

Las Escuelas Nacionales de Arte de Cuba, fundadas por Fidel Castro y Che Guevara, se levantaron sobre el antiguo club de campo en un contexto de transformación revolucionaria.

Tres arquitectos jóvenes asumieron la tarea de diseñar estos edificios, que desafiaban el estilo modernista del «cubo blanco», símbolo de la arquitectura capitalista. En su lugar, optaron por un diseño más orgánico, adecuado para una Cuba comunista. Inspirados en la arquitectura del norte de África y utilizando materiales locales como ladrillo y azulejos, crearon estructuras con cúpulas rojas, utilizando la técnica tradicional de la «bóveda catalana».

Al principio, Castro estaba muy a favor del diseño. Sin embargo, a medida que Cuba se volvía más conflictiva, su interés por los edificios decayó y comenzó a ver las escuelas de arte y a sus arquitectos como algo frívolo.

El estilo brutalista soviético de la arquitectura de concreto crudo se hizo más popular en Cuba y, en 1965, la construcción de las escuelas de arte se detuvo. Los arquitectos, caídos en desgracia, huyeron del país.

Los edificios fueron abandonados, inacabados. Fueron redescubiertos en los años 80 y ahora se han declarado monumento nacional.

SEA RANCH

CUÁNDO: 1963-1965
DÓNDE: SONOMA, CALIFORNIA, EE.UU.

Sea Ranch es un conjunto de viviendas privadas a lo largo de un tramo de 15 km de la costa de California. La tierra fue comprada en 1963 por el arquitecto y urbanista Al Boeke, quien encargó a un grupo de arquitectos el diseño de casas que preservaran y reflejaran la belleza natural de la zona.

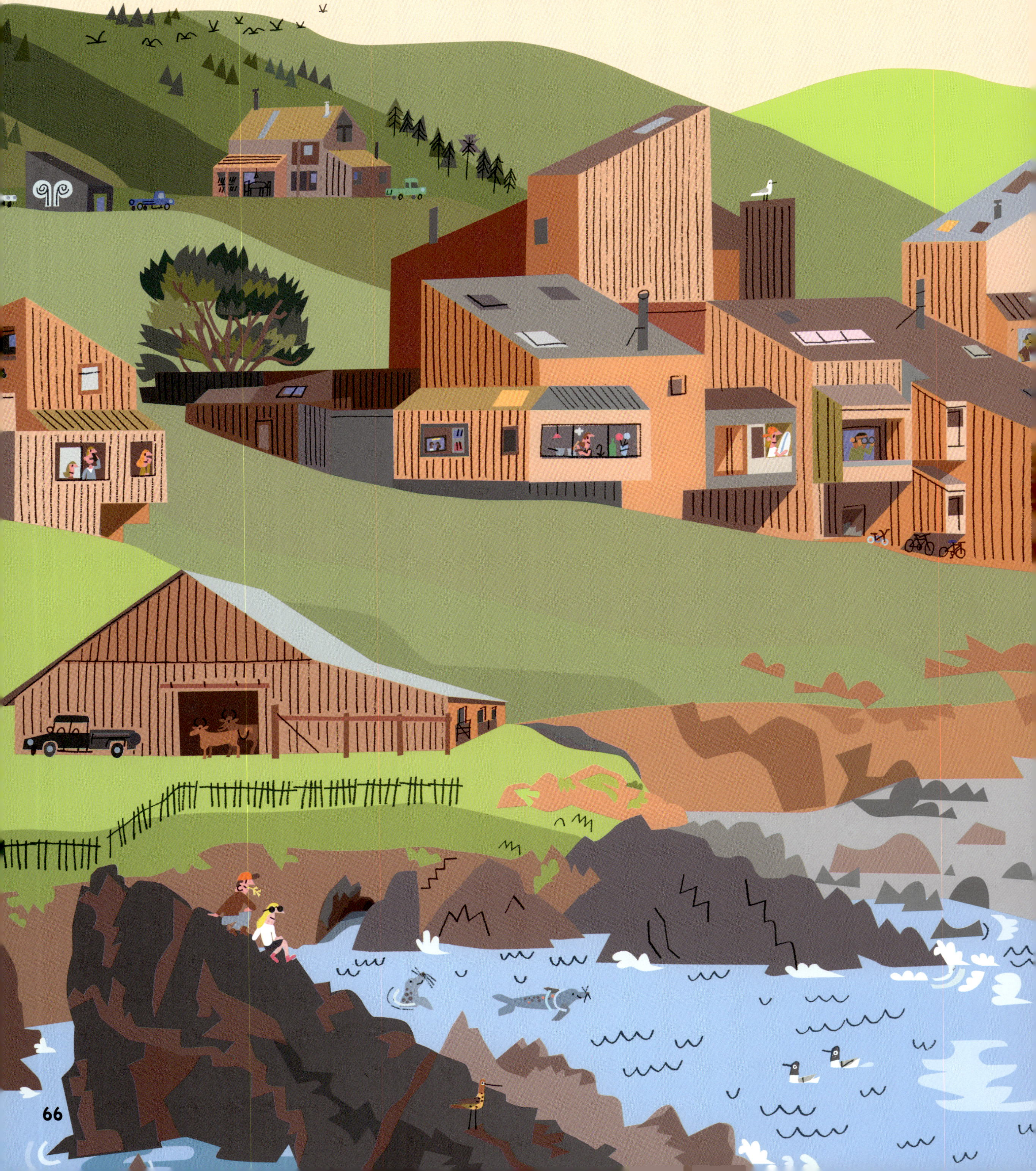

Las casas son compactas en tamaño y están construidas en grupos alrededor de espacios abiertos compartidos. Tienen grandes ventanales para maximizar la vista al océano y techos inclinados tipo cobertizo para resistir los fuertes vientos. Construidas de madera roja, sin aleros colgantes ni iluminación innecesaria, fueron diseñadas para integrarse al paisaje.

Uno de los edificios más llamativos es la Capilla de Sea Ranch, con su techo escultural en forma de alas. En su interior, está decorada con mosaicos. El techo está salpicado de conchas y erizos de mar.

Sea Ranch fue diseñado como una utopía de los años 60; una comunidad que viviría en armonía con su entorno natural. En su mayoría, ha logrado preservar esos ideales y ha inspirado mucha arquitectura ambiental hoy en día.

67

FIDAK

CUÁNDO: 1975
DÓNDE: DAKAR, SENEGAL

La Feria Internacional de Comercio de Dakar (FIDAK) fue construida como parte de un movimiento que barría África, en el que se buscaba un nuevo estilo de arquitectura poscolonial, fusionando las tradiciones locales con los estilos populares postmodernos y brutalistas de la época.

Como no existían escuelas de arquitectura en la mayoría de las regiones de África, se encargó a arquitectos europeos la realización de estos nuevos y audaces proyectos. Los edificios resultantes eran muy expresivos y dramáticos, reflejando a menudo la impresión del arquitecto sobre un país más que su realidad.

En el caso de FIDAK, dos arquitectos franceses, Jean François Lamoureux y Jean-Louis Marin, diseñaron un extenso recinto ferial compuesto por más de 20 edificios de concreto con techos triangulares elevados. Los edificios están conectados por pasarelas y rampas, creando un patrón de diagonales.

KOFFI

FIDAK, al igual que muchos otros edificios de África de esta época, no es querido por la población local, que lo ve como una continuación del colonialismo, no una respuesta contra él.

Aunque aún se utiliza como un lugar para eventos y conciertos, muchas partes se han deteriorado.

POLICE

NUEVOS MODELOS DE VIVIENDA

Los arquitectos siempre están buscando nuevas formas de construir viviendas asequibles pero cómodas para las poblaciones crecientes. Durante los últimos cien años, los arquitectos han tenido que responder a diversos desafíos: cómo reconstruir entornos bombardeados, cómo encajar viviendas en espacios pequeños y cómo aprovechar al máximo las nuevas tecnologías y materiales.

Cité Radieuse
Marsella, Francia, 1947–1952

Le Corbusier fue un arquitecto radical que diseñó un bloque de edificios de gran altura que ofrecería viviendas espaciosas en la ciudad, con tiendas, restaurantes e instalaciones deportivas, todo dentro del mismo edificio. Utilizó concreto crudo porque era más económico y «honesto»; un enfoque que se conoció como brutalismo.

Habitat 67
Montreal, Canadá, 1967

Diseñado por el joven arquitecto Moshe Safdie para la Exposición Universal de 1967, este edificio está compuesto por 350 cajas idénticas prefabricadas de concreto, dispuestas en varias combinaciones y apiladas unas sobre otras, como piezas de Lego.

Eames House (Case Study 8)
California, EE.UU., 1949

El dúo de diseño formado por Charles
y Ray Eames diseñó una casa y estudio
hechos de concreto y acero prefabricado.
La cuadrícula de la estructura de la
casa se interrumpe con paneles en
colores primarios. Influenciada por la
arquitectura japonesa, la casa se integra
armoniosamente en el paisaje.

Paper Log Houses
Kobe, Japón, 1995

Después de que un terremoto devastara
la costa de Japón, el arquitecto Shigeru
Ban buscó una solución eficiente para
las 200 000 personas que habían
perdido sus hogares. Diseñó casas
hechas de tubos de papel con material
de tienda para los techos. Eran baratas,
resistentes a la intemperie y fáciles
de montar. Los materiales podían
reciclarse después.

CASA HUNDERTWASSER

CUÁNDO: 1983-1985
DÓNDE: VIENA, AUSTRIA

Fue diseñado por el artista convertido en arquitecto Friedensreich Hundertwasser, quien deseaba crear una «casa para los seres humanos y los árboles».

Trabajó con el arquitecto Josef Krawina para diseñar un edificio que devolviera a la naturaleza tanto como tomaba de ella. Se usaron más de 900 toneladas de tierra para crear techos verdes y terrazas. Los árboles crecen a través del centro del edificio, con sus ramas sobresaliendo por las ventanas.

Este edificio de apartamentos es un llamativo mosaico de colores, azulejos y formas orgánicas. ¡No hay una sola línea recta! ¡Incluso los pisos son irregulares!

Las ventanas tienen formas y tamaños diferentes. Se consideraba que las jardineras eran espacios en los que los residentes podían expresar su propia relación con la naturaleza.

Hundertwasser creía que las columnas eran una parte esencial de la arquitectura occidental: «Al lado de una columna se siente como bajo un árbol. Una columna debe ser hermosa y colorida, y brillar por sí misma bajo la lluvia y la luz de la luna».

El edificio fue ridiculizado cuando se terminó, pero ahora se considera un ejemplo de armonía entre arquitectura y naturaleza, y es un querido punto de referencia admirado en Viena.

73

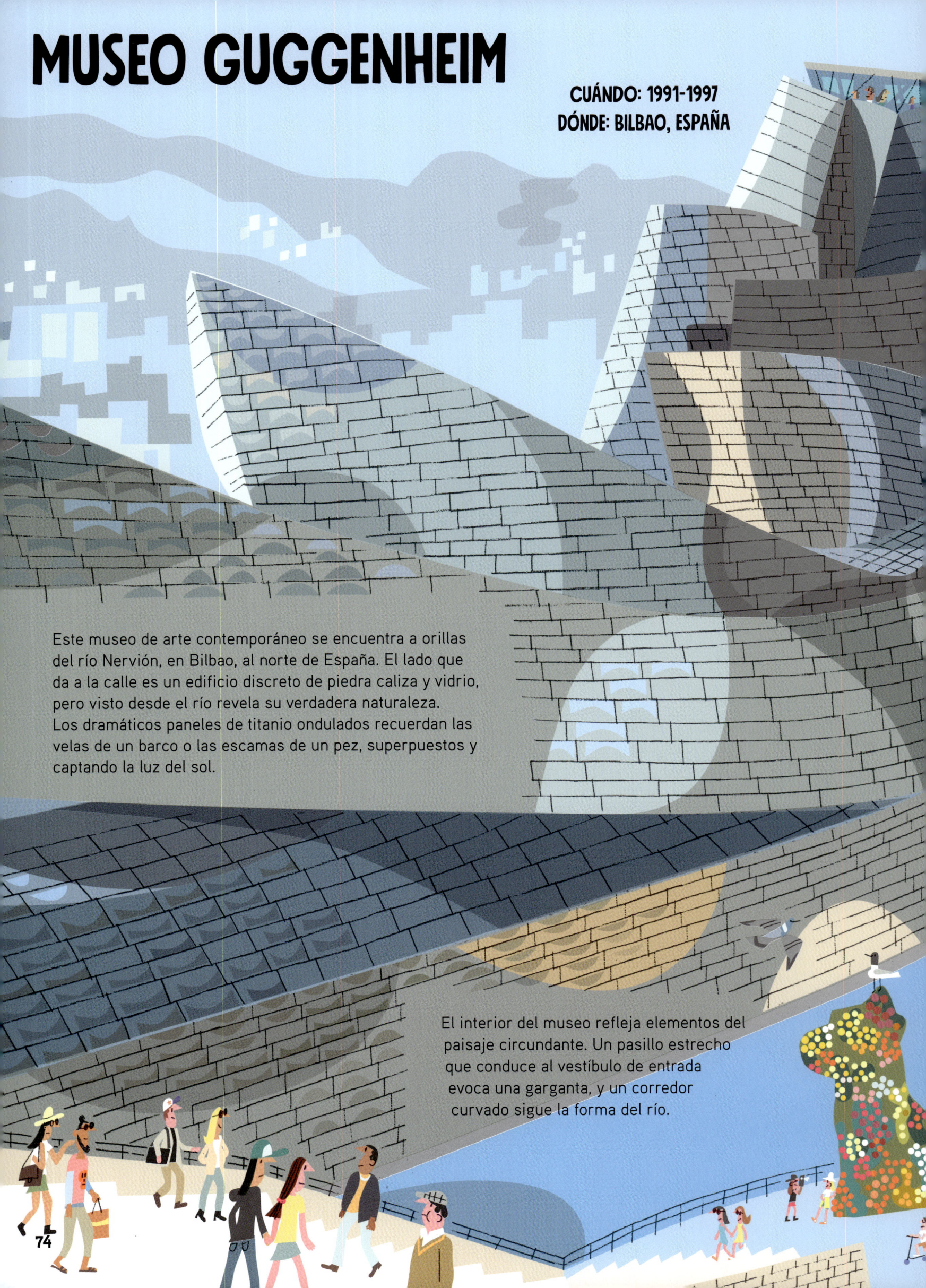

MUSEO GUGGENHEIM

CUÁNDO: 1991-1997
DÓNDE: BILBAO, ESPAÑA

Este museo de arte contemporáneo se encuentra a orillas del río Nervión, en Bilbao, al norte de España. El lado que da a la calle es un edificio discreto de piedra caliza y vidrio, pero visto desde el río revela su verdadera naturaleza. Los dramáticos paneles de titanio ondulados recuerdan las velas de un barco o las escamas de un pez, superpuestos y captando la luz del sol.

El interior del museo refleja elementos del paisaje circundante. Un pasillo estrecho que conduce al vestíbulo de entrada evoca una garganta, y un corredor curvado sigue la forma del río.

En el centro del museo hay un atrio que el arquitecto Frank Gehry apodó «la flor». Gehry es conocido por su enfoque expresivo y escultórico en el diseño de edificios.

El Guggenheim transformó Bilbao de una ciudad industrial empobrecida en un importante destino turístico que recibe 20 millones de visitantes al año. El «efecto Bilbao» es el término que se usa para describir el poder de la arquitectura de autor para transformar el destino de una ciudad.

MUSEO JUDÍO DE BERLÍN

El primer Museo Judío de Berlín se fundó en 1933 para mostrar la historia y la creatividad judías, pero fue cerrado por los nazis en 1938. Cincuenta años después, se convocó un concurso para diseñar un nuevo edificio, que ganó el joven arquitecto Daniel Libeskind.

CUÁNDO: 1992-1999
DÓNDE: BERLÍN, ALEMANIA

Libeskind diseñó una estructura radical en zigzag junto al edificio original. La única conexión entre ambos es un pasaje subterráneo.

El Jardín del Exilio es una plaza de columnas de concreto coronadas por sauces llorones, dispuestas sobre una superficie inclinada. Caminar entre ellas genera una sensación de desorientación y claustrofobia.

Una serie de espacios vacíos de unos 20 metros de altura atraviesa el edificio. Estos vacíos representan el dolor en el corazón de la historia germano-judía.

La Torre del Holocausto es una sala alta y estrecha, vacía, sin calefacción ni aire acondicionado. La única luz entra por una pequeña rendija en el techo.

El edificio se considera deconstructivista porque fragmenta y deconstruye las formas arquitectónicas tradicionales. Esta fragmentación genera incomodidad, de modo que los visitantes no solo vean el contenido del museo, sino que lo experimenten emocionalmente.

NUEVOS MODELOS DE CULTO

Durante casi dos mil años, la Iglesia fue la institución más poderosa, determinando cómo vivían las personas y cómo adoraban. En la segunda mitad del siglo XX, surgieron ideas más individuales sobre la fe, y la arquitectura cristiana comenzó a explorar nuevas formas.

**Montaña de la Salvación
California, EE.UU., 1989-2011**

Una obra de arte a gran escala hecha con ladrillos de adobe, neumáticos, ventanas, piezas de coche y pintura, que cubre una colina con citas de la Biblia y dichos cristianos. Fue creada por el excéntrico visionario Leonard Knight, quien pasó 30 años viviendo en la parte trasera de su camión mientras construía esta expresión personal de su fe.

Catedral de Brasilia
Brasilia, Brasil, 1958-1970

Una catedral escultórica
diseñada por Oscar Niemeyer.
16 pilares de concreto curvados
forman una corona abierta al
cielo. Están conectados por
enormes paneles de fibra de
vidrio, que inundan el espacio
con luz natural.

Iglesia Hallgrimskirkja
Reikiavik, Islandia, 1940

Elevándose sobre la ciudad,
esta iglesia expresionista
evoca las montañas y
los glaciares del paisaje
circundante, vinculando la
adoración con la naturaleza.

Maria, Königin des Friedens
Neviges, Alemania, 1968

Una iglesia brutalista de concreto
crudo con un techo en forma de
cristal fragmentado. En su interior,
el espacio principal es oscuro,
mientras que el altar se ilumina de
manera dramática a través de las
vidrieras.

ARQUITECTURA DE AEROPUERTOS

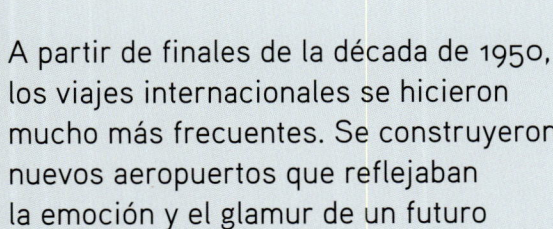

A partir de finales de la década de 1950, los viajes internacionales se hicieron mucho más frecuentes. Se construyeron nuevos aeropuertos que reflejaban la emoción y el glamur de un futuro conectado a nivel mundial.

Torre de control, Aeropuerto Internacional O'Hare Chicago, 1970

La torre de control de tráfico aéreo del aeropuerto O'Hare fue la primera de muchas torres diseñadas por el arquitecto chino-estadounidense I.M. Pei. Su estructura tiene un eje delgado que se ensancha hacia la parte superior, donde se encuentra el centro de control, lo que refleja el interés de Pei por las formas naturales.

Terminal 3, Shenzhen Bao'an China, 2010-2013

Este moderno aeropuerto de la ciudad de Shenzhen, que crece rápidamente, está diseñado con la forma de una mantarraya, un pez que parece volar. Sus superficies brillantes hacen que el viaje sea aún más cómodo y sencillo.

Centro de vuelos TWA
Nueva York, 1959-1962

Esta terminal futurista fue diseñada por el arquitecto Eero Saarinen. Su techo tiene la forma de ala que parece lista para despegar.

Tegel
Berlín, Alemania, 1974

Este aeropuerto de estilo brutalista, con forma hexagonal, refleja la juventud y el idealismo de sus arquitectos. Está diseñado para que los viajes sean más rápidos y eficientes, pero no se pensó tanto en la seguridad ni en el comercio, que hoy son muy importantes. Ya no está en funcionamiento.

SEDE DE LA SGAE

CUÁNDO: 2008
DÓNDE: SANTIAGO DE COMPOSTELA, ESPAÑA

Esta sede de la SGAE (Sociedad General de Autores y Editores) tiene dos caras. Una de ellas está hecha de vidrio translúcido y mira hacia la calle. La otra, que da a un parque, está formada por grandes piedras colocadas unas encima de otras, como si estuvieran apiladas de forma desordenada. Este lado del edificio recuerda un poco a un monumento antiguo, como los de hace miles de años.

Los arquitectos de Ensamble Studio pusieron las piedras en ángulos sorprendentes, de modo que el edificio parece haberse derrumbado, como si fuera una antigua ruina, cuyo diseño original aún es un misterio.

El edificio es muy escultural y, visto desde el parque, se siente integrado en el paisaje.

Dentro, una pared hecha de CDs refleja la luz que entra a través de la pared de piedra rota. En los dos extremos del edificio, hay dos grandes ventanas que enmarcan unas vistas impresionantes.

REFUGIOS

En el mundo de hoy, el espacio puede ser difícil de encontrar. Estos edificios aprovechan al máximo un espacio pequeño y se relacionan de manera interesante con el mundo natural o urbano que los rodea.

Dragspelhuset
Årjäng, Suecia, 2004

Llamada «casa acordeón», esta extensión de una cabaña del siglo XIX junto al lago puede abrirse en verano para crear un gran espacio, y cerrarse en invierno, convirtiéndose en un acogedor «capullo» con solo dos paredes. Su forma, parecida a la de un lagarto, está cubierta de tejas de cedro que se mezclan con las rocas alrededor.

Casa Parásita
Quito, Ecuador, 2019

Esta pequeña vivienda está en la azotea de un edificio. Mide solo 12 m², pero tiene todo lo necesario: baño, cocina, cama y un lugar para vivir, todo en el espacio más pequeño posible. Es un modelo económico que se puede colocar en azoteas de todo el mundo.

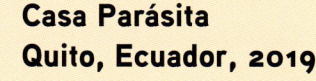

La Trufa
Candamo, España, 2010

Este edificio se construyó desde adentro hacia afuera. Se cavó un espacio en el suelo, y se llenó con fardos de paja. Luego, se vertió concreto entre el suelo y la paja. La capa de concreto tiene una forma y textura natural que hace que el edificio se parezca a una trufa gigante.

Casa de madera final
Kumamoto, Japón, 2008

Este refugio parece un juego de Jenga con la mitad de las piezas quitadas. Bloques rectangulares y largos sobresalen hacia el espacio, por lo que no hay pisos ni techos. Las personas pueden trepar sobre ella como un paisaje y usar los bloques de madera como deseen.

GLOSARIO DE TÉRMINOS Y ESTILOS ARQUITECTÓNICOS

Alfeizar
El borde de un techo que sobresale de la pared exterior, protegiéndola de la lluvia.

Apariencia de madera
Un marco de madera relleno de mampostería o yeso.

Arcada
Una serie de arcos soportados por columnas.

Arco
Un elemento estructural curvado o puntiagudo que está soportado por sus lados.

Arquitectura bizantina
Un estilo de construcción que surgió en Constantinopla bajo el gobierno del emperador romano Justiniano entre los años 527 y 565 d.C. Las iglesias bizantinas presentaban grandes cúpulas y elaborados mosaicos.

Arquitectura clásica
Arquitectura inspirada en los edificios de la Antigua Grecia y Roma.

Arquitectura gótica
Este estilo evolucionó de la arquitectura románica en Europa entre los siglos XII y XVI. Los edificios altos y delgados presentaban arcos puntiagudos y grandes ventanas de vidrio emplomado. A menudo se utilizaban contrafuertes voladores para soporte.

Arquitectura monolítica
Edificaciones que se tallan a partir de una sola pieza de material, generalmente piedra.

Arquitectura románica
Un estilo popular en la Europa medieval entre los siglos VI y XI, que presentaba edificios pesados, semejantes a fortalezas, con muros gruesos, arcos redondos y grandes torres.

Arquitectura vernácula
Métodos tradicionales y locales de construcción utilizando materiales locales, generalmente para edificaciones pequeñas como casas.

Art Deco
Un estilo de arte, diseño y arquitectura de las décadas de 1920 y 1930 que combinó la artesanía y materiales lujosos con las geometrías y estilos modernos popularizados por el cubismo y el arte abstracto.

Bauhaus
Una influyente escuela de arte alemana que adoptó un enfoque nuevo para el diseño, combinando ideas de estética, funcionalidad y producción en masa.

Brutalismo
Un estilo de construcción que destaca por sus materiales y su modo de construcción. Estos edificios tienen superficies rugosas y sin terminar, generalmente de concreto crudo. Tienen una monumentalidad que se acentúa con formas inusuales, líneas rectas y ventanas pequeñas.

Carpintería
Juntas de trabajo en la carpintería de madera.

Círculo de piedra
Un círculo de grandes piedras verticales de la última época neolítica, generalmente encontrado en el norte de Europa y Gran Bretaña. Se cree que se usaban con fines religiosos, pero nadie sabe con certeza.

Colonnade
Una serie de columnas que soportan una hilera de arcos continuos.

Columna
Un pilar de soporte que consta de una base, un eje cilíndrico y un capitel en la parte superior del eje. Las columnas pueden ser sencillas u ornamentales.

Constructivismo
Un estilo de arte abstracto que surgió en Rusia en 1915. Era depurado y geométrico, reflejando la sociedad moderna e industrial.

Contrafuerte
Un soporte que sobresale de una pared para sostener el peso de un arco, techo o bóveda.

Deconstructivismo
Un enfoque que «deconstruye» un edificio, jugando con sus formas y volúmenes para crear formas asimétricas y dinámicas que dan la impresión de que un edificio ha sido fragmentado.

Expresionismo
Un estilo arquitectónico que surgió después de la Primera Guerra Mundial, reflejando tanto los horrores de la guerra como una visión utópica del futuro. Los arquitectos utilizaron nuevos materiales como el concreto para crear edificios escultóricos y emotivos, a menudo inspirados en formas naturales.

Fachada
El exterior de un edificio (generalmente el frente).

Fluting
Ranuras verticales poco profundas en el eje de una columna.

Friso
Una banda decorativa de relieves escultóricos.

Funcionalismo
La idea de que la función de un edificio debe influir en todo lo relacionado con su diseño. Con estrechos vínculos con el socialismo, los miembros de este movimiento creían que la arquitectura debía crear un mundo mejor para las personas.

Gablete
Parte triangular superior de una pared en el extremo de un techo a dos aguas.

Gruta
Una pequeña cueva pintoresca llena de agua, que puede ser natural o hecha por el hombre.

Ladrillos de adobe
Ladrillos hechos de barro y arcilla cocidos en un horno y recubiertos con cal. Esta técnica se ha utilizado desde tiempos prehistóricos.

Mihrab
Un nicho semicircular en la pared de una mezquita que indica la dirección de la oración.

Minarete
Un elemento de la arquitectura islámica: una aguja alta con una corona redonda o cónica que utiliza el imán para llamar a las personas a la oración.

Modernismo
Un estilo arquitectónico que fue popular antes y después de la Segunda Guerra Mundial, que rechazó los elementos decorativos a favor de líneas limpias y simples utilizando las últimas tecnologías de concreto, vidrio y acero.

Nave
El cuerpo principal de una iglesia donde se sientan los feligreses.

Pagoda
Una torre escalonada con varios techos dispuestos alrededor de una estructura central. Común en los templos budistas de China, Japón y Corea.

Plano de planta
La disposición de las habitaciones en un edificio.

Pórtico
Un pasillo cubierto formado por una serie de columnas y arcos frente a un edificio.

Posmodernismo
Un movimiento que rechazó la restricción y seriedad del modernismo a favor de un enfoque juguetón hacia el color, la decoración y las formas escultóricas.

Poste y dintel
Un sistema en el que dos elementos verticales (los postes) sostienen un tercer elemento horizontal (el dintel), creando un gran espacio abierto debajo.

Veranda
Un porche cubierto que suele envolver dos o más lados de un edificio.

Voladizo
Una extensión sin soporte, como un asta de bandera que sobresale de una pared.

Zigurat
Un templo piramidal escalonado de la antigua Mesopotamia.

ÍNDICE

Alemania 48-49, 60
Argelia 42-43
Arquitectura de aeropuertos 80-81
Arquitectura gótica 24-25, 86
Arquitectura islámica 15, 20-21
Arquitectura monolítica 28, 86
Arquitectura tradicional japonesa
    38-39
Atomium 61
Austria 72-73
Avebury 7
Ayutthaya 34-35

Ban, Shigeru 71
Bélgica 61
Boeke, Al 66
Bóveda catalana 64
Brutalismo 65, 70, 79, 86
Budismo 13, 18-19, 39

California 66-67, 70, 78
Canadá 50-51
Casa Batlló 52-53
Casa del jefe Waka 50-51
Casa Hundertwasser 72-73
Casa Rietveld Schröder 58-59
Casas de té japonesas 39
Casas de troncos de papel 71
Casba de Argel 42-43
Castillo Neuschwanstein 48-49
Castro, Fidel 64-65
Catedral de Brasilia 79
Catedral de Chartres 24-25
Centro de vuelos TWA 81
Chand Baori 22-23
China 12-13, 18, 80
Cité Radieuse 70
Contrafuertes voladores 24-25, 86
Corea 44-45

Cuatro-iwan 20
Cuba 64-65

Dakar 68-69
De Stijl 58

Eames, Charles y Ray 71
Escuelas de arte de Cuba 64-65
España 52-53, 60, 82-83
Etiopía 28-29
Exposiciones Universales 60-61

FIDAK 68-69
Fortaleza Hwaeseong 44-45
Francia 24-25, 70
Funcionalismo 62, 86

Gaudí, Antoni 52-53
Gehry, Frank 4, 74-75
Guggenheim Bilbao 74-75

Hábitat 67, 70

Iconostasio 41
Iglesia de Bogrund Stave 26-27
Iglesia de la Transfiguración
    41
Iglesia de madera 26-27
Iglesia de San Jorge 28-29
Iglesia Hallgrimskirkja 79
Imperio británico 46-47
Imperio otomano 15, 42-43
India 22-23
Irak 8-9
Irán 20-21
Italia 30-31

Japón 18-19, 38-39, 71
Jeong Yakyong 45

Karelia 40
Krawina, Josef 72
Kush 10-11

Lalibela 28-29
Lamoureux, Jean Francois 69
Le Corbusier 70
Li Chun 16
Liebeskind, Daniel 76-77
Little Moreton Hall 36-37
Ludwig II 48-49

Madera a la vista 36, 86
Maestro Nestor 41
Mali 32-33
Maria, Konigin des Friedens 79
Marin, Jean-Louis 69
México 62-63
Mezquita Djinguereber 32-33
Mezquita Jameh de Isfahan 20-21
Monasterio colgante de Shanxi
    12-13
Movimiento de aprendizaje
    práctico 45
Musa, Emperador 32-33
Museo Judío de Berlín 76-77

Nash, John 47
Neolítico 6-7, 83
Newgrange 6
Noruega 26-27
Nuevos modelos para el culto 78-79
Nuevos modelos para vivir 70-71

Pabellón de Brighton 46-47
Países Bajos 58-59
Palacio Dar al Hajar 56-57
Palacio Dar Mustapha Pacha 43
Palacio de Cristal 60
Palacio de los Dogos 30-31
Pei, I.M. 80
Piedras de Carnac 6
Pirámides de Meroe 10-11
Pirámides nubias 10
Pogost de Kizhi 40-41
Príncipe Shotoku 38
Puente Anji 16-17
Puerta della Carta 31

Refugios 84-85
Reino Unido 6-7, 36-37, 46-47, 60
Rey Chandra 22

Rey Jeongjo 44-45
Rey Jorge III 46
Rietveld, Gerrit 58-59
Rusia 40-41, 54-55

Saarinen, Eero 81
Safdie, Moshe 70
Salvation Mountain 78
San Jorge 28-29, 53
Santa Sofía 14-15
Santuario Shinto 38
Schröder, Truus 58-59
Sea Ranch 66-67
Sede de la SGAE 82-83
Senegal 68-69
Shenzhen Bao'an 80
Siam, Reino de 34
Skara Brae 7
Space Needle 61
Sudán 10-11
Suwon 44-45

Tailandia 34-35
Tatlin, Vladimir 54-55
Tegel 81
Templos Horyu-ji 18-19
Timbuktu 32-33
Torre de Tatlin 54-55
Turcos selyúcidas 20-21
Turquía 14-15

UNAM 62-63
Ur-Nammu, Rey 9

Van der Rohe, Mies 60
Venecia 30-31
Veranda 38, 86
Villa Imperial Katsura 39

Yahya Muhammad Hamiddin, Imam
    56
Yemen 56-57

Para Hélène, Joyce, Elis, Minou y Batman.

Gracias a mamá, a papá y a Paul.

Gracias a Ziggy por construir este libro y
a Frédéric Venditti por construir Villa Marguerite.

-PA

FSC
www.fsc.org
100%
Procedente de
bosques sostenibles
FSC® C188667

© 2026, Editorial Libsa
C/ Puerto de Navacerrada, 88
28935 Móstoles (Madrid)
Tel. (34) 91 657 25 80
e-mail: libsa@libsa.es
www.libsa.es

ISBN: 978-84-662-4508-1

Derechos exclusivos para todos los países de habla española.

Traducción: María Herrero Prado
Título original: *Atlas of Amazing Architecture*
by Peter Allen
© 2025, Cicada Books Limited, London
Derechos negociados a través de Ute Körner Literary Agent –
www.uklitag.com

DL: M 12298-2025

región facial. Es frecuente observar que estos animales tienen problemas para poder aprehender los gránulos de determinados piensos, por lo que debemos facilitarle alimentos secos diseñados específicamente para estas razas. Es también recomendable suministrar piensos especiales para ejemplares de pelo largo o que posean abundante lanilla interna; dichos piensos tienen una elevada cantidad de fibra y algunos también incorporan pequeños gránulos con malta, con lo que colaboramos a evitar que los pelos ingeridos al lamer su manto se compacten en el intestino y formen los tricobezoares, también conocidos por los propietarios como bolas de pelo.

Por los tanto, es fundamental que leamos atentamente las características generales de cada raza, estudiemos atentamente su temperamento y también nuestros hábitos de vida; de esta manera podremos elegir la raza que mejor se adapte a nuestras necesidades, y en el caso de tener ya algún ejemplar viviendo con nosotros poder comprender mejor la causa que motiva su comportamiento en el caso de asemejarse al estándar establecido.

El cuidado del manto del gato Exótico requiere un cepillado o dos por semana. Esta raza apenas tiene problemas de enredos.

Los colores de la raza Persa, como el de arriba, se combinan en infinidad de patrones.

Como todo buen Persa, este precioso ejemplar hace honor a su fama de felino tranquilo que le ha granjeado el apodo de «tigre de sofá».

Exótico

El origen de esta raza está ligado estrechamente con el American Shorthair y su historia. Durante los años cincuenta, esta raza era conocida como «gato doméstico» por ser una raza muy difundida como animal de compañía, pero debido a su origen humilde y a la gran popularidad que estaba alcanzando el gato Persa, el American Shorthair quedó relegado a un segundo lugar y en muchas ocasiones incluso al olvido. Por este motivo, los criadores de esta raza decidieron cruzarlo con Persas para mejorar su silueta y conseguir un manto de más calidad. Poco a poco el nuevo American comenzó a participar en las exposiciones e incluso llegó a cosechar abundantes éxitos. Algunos criadores del American Shorthair que seguían la línea tradicional no estaban conformes con la nueva morfología que presentaba esta raza y propusieron hacer una separación entre ambas para trazar líneas de cría distintas y conservar la morfología tradicional del American. Por este motivo, a la nueva tipología se le asignó el nombre de Exótico con el fin de diferenciarlo totalmente del gato doméstico americano.

MORFOLOGÍA

Cuando describimos el gato Exótico, vemos que coincide prácticamente con la descripción del gato Persa con la única excepción del manto, que es corto pero muy denso y apretado.

Colores

Monocolores: también se denominan sólidos o «self», con toda la longitud del pelo del mismo color, tanto en la raíz como en las puntas, y los colores admitidos son blanco, negro, azul, chocolate, lila, rojo y crema.

Bicolor: cualquier color aceptado más el blanco; las manchas deben estar bien definidas, homogéneas y distribuidas por todo el cuerpo. Podemos encontrar variedades distintas dependiendo del porcentaje de blanco en proporción con el color:

- **Bicolor estricto:** el blanco cubre entre el 30 y el 50%.
- **Arlequín:** el blanco cubre el 50 y el 75%.
- **Van:** todo el cuerpo blanco excepto la cola, el antifaz y las orejas.

Tricolor: se admiten tres colores distintos sobre el cuerpo; los ojos son de color cobre o naranja intenso.

Orejas de tamaño pequeño y redondeadas en la punta, separadas y ligeramente dirigidas hacia delante.

Cabeza de forma redondeada y maciza, con pómulos llenos y frente ancha. Nariz chata y corta, con stop visible.

Ojos de forma redondeada y separados entre sí, con colores siempre brillantes y en armonía con el manto.

Hocico con forma perfecta de W, con barbilla o mentón fuerte y redondeado que se ajusta a la circunferencia de la cabeza.

Cola corta y bien esculpida, con el extremo ligeramente redondeado.

Manto

Su manto es corto de gran suavidad al tacto y muy denso, de aspecto afelpado. En cuanto a su coloración, puede presentar infinidad de colores y diferentes dibujos o patrones. Podemos encontrar capas monocolores y capas con diferentes dibujos que explicaremos a continuación. También debemos aclarar que las capas tortie o tortuga y todas sus combinaciones siempre se presentan en ejemplares hembras y, en el hipotético caso de que naciera un macho con esta capa, este sería estéril.

Debemos tener en cuenta que esta raza tiene la particularidad de madurar muy lentamente, como el Persa, pudiendo no alcanzar su madurez física hasta los dos o tres años de edad. También es una raza que no tiene celos continuos en las dos estaciones del año, sino que lo tiene una vez al año y, al no ser una raza muy vocalizadora, sus maullidos no suelen resultar muy escandalosos.

Su aspecto general es el de un gato de tamaño mediano a grande, con un cuerpo fuerte y robusto; su pecho es profundo y tiene los hombros firmes y compactos, con espalda ancha, maciza y cuello corto y fuerte. Las extremidades son cortas en proporción con el tamaño de su cuerpo, pero dotadas de fuerte osamenta y con pies grandes, redondeados y con dedos muy juntos (se valora la presencia de mechones en los espacios interdigitales). Se caracteriza por la particular forma de su cabeza, que ha heredado totalmente del Persa: redondeada y de aspecto fuerte, con ojos redondos y hocico ancho y muy achatado.

Cuidados

El cuidado de su manto no requiere tanto trabajo como el del Persa, pues se mantiene en perfectas

Algunos cachorros pueden nacer con el pelo largo; a estos ejemplares se les denomina Exóticos Longhair y no se les considera ni Persas ni Exóticos.

Bicolor red tabby y blanco: podemos apreciar la M sobre su frente y los anillos en las extremidades.

Origen:	Estados Unidos
Tipo:	de medio a grande
Peso:	entre 3,5 y 7 kg
Manto:	pelo corto muy denso, suave y afelpado
Capa:	todos los colores, dibujos y patrones que presenta el Persa
Vida:	de 12 a 19 años
Carácter:	participativo, tranquilo, equilibrado, juguetón y amistoso
Mantenimiento del manto:	cepillado semanal, pero en época de muda todos los días
Alimentación:	alimento seco equilibrado adecuado para esta raza, de libre disposición
Cuidados especiales:	limpieza de lagrimales, administrar malta para evitar bolas de pelo, revisión de oídos, antiparasitarios externos e internos
Enfermedades asociadas:	enfermedad poliquística renal, afecciones oftalmológicas y mandibulares

Ejemplar tortuga azul donde podemos observar sobre el color de base (azul o gris) pequeñas pinceladas de color crema.

que, al ser tan apretado, puede producir falta de oxigenación en la piel y generar graves y desagradables dermatitis.

Es importante también administrar malta de manera periódica para evitar la formación de bolas de pelo ingerido en el intestino, y facilitar el tránsito y su eliminación.

Debido al gran achatamiento de su región facial, el gato de raza Exótico tiende a producir gran cantidad de lágrimas, por lo que se forman unos surcos de tonalidades oscuras en el ángulo interno del ojo

condiciones con cepillados semanales, aunque en la época de muda debemos insistir y esmerarnos para eliminar en lo posible todo el manto desprendido.

Por este motivo debemos cepillarlo a diario e insistir hasta dejar el manto totalmente libre de pelo muerto. Esto es muy importante debido a la naturaleza de su pelaje

Ejemplar tricolor. Durante la formación de esta raza se utilizaron otras como el Burmés o Burmese, el Azul ruso además del Persa, pero desde 1987 únicamente se permite el cruce con este último.

Hermoso ejemplar totalmente negro que representa fielmente las características morfológicas de esta raza.

a ambos lados de la nariz, al estar esta zona permanentemente humedecida. Puede ser muy frecuente la aparición de infecciones, por ello debemos limpiar los surcos a diario con soluciones específicas que existen en el mercado.

En el caso de que observemos alguna alteración de la piel o veamos que el animal se frota insistentemente esta zona con las manos, debemos acudir al veterinario.

CARÁCTER

El carácter es otra de las cualidades que diferencian al Exótico del gato Persa. La cualidad que más define a

los ejemplares de esta raza es la capacidad de participar en todas las actividades que realizan los miembros de su familia, teniendo

El Exótico precisa cepillados habituales para eliminar el pelo muerto. Si no se hace, su piel sufrirá falta de oxigenación y la consecuente dermatitis.

Patrones

Podemos encontrar en el Exótico tantos dibujos diferentes como presentamos a continuación.

Tabby: podemos encontrar el mackerel o tabby atigrado con rayas verticales, el blotched tabby o clásico que tiene líneas circulares en los flancos y el spotted tabby o moteado donde las marcas del pecho, cabeza y vientre tienen dibujo tabby, pero en el cuerpo tiene marcas ovaladas y la cola con aros marcados. Ojos de color cobre, naranja o dorado intenso, pero en la tonalidad silver presenta los ojos verde o avellana.

Tortie o tortuga: se entremezclan dos colores bien definidos y repartidos por todo el cuerpo. Dependiendo de los colores que aparezcan podemos encontrar: black tortie (negro/rojo) con trufas y almohadillas de color rosa/negro, chocolate tortie (chocolate/rojo), lilac tortie (lila/crema) y blue tortie (azul/crema).

Calicó: son los dibujos formados por las capas tortie o tortuga más el color blanco. Los colores son exactamente los mismos que en el apartado anterior, y la trufa y las almohadillas son negras o rosas.

Torbie: se da cuando el dibujo tabby se ve cubierto por tonalidades de color rojo o crema claramente visibles. Ojos de color cobre, naranja o dorado; la trufa y las almohadillas son de color rojo o rosa.

Gato blue tabby. En esta raza, los machos suelen tener un carácter más afectuoso que las hembras, cosa que sucede con casi todos los gatos domésticos.

En este ejemplar lila podemos apreciar los surcos que se forman en los lagrimales debidos al exceso de lágrimas.

gran curiosidad y permaneciendo siempre atento a todo lo que sucede a su alrededor.

Es también una raza juguetona y podemos observar cómo se divierte permanentemente con cualquier objeto. Por sus ansias de jugar y por su carácter alegre es una raza que puede participar de los juegos de los niños, siempre que estos se muestren respetuosos con los animales.

Demuestran gran inteligencia, fruto de su constante observación del entorno, y casi parece que adivinen nuestros pensamientos,

Tiene unos grandes pómulos que resaltan aún más en su cabeza redonda y achatada, herencia del Persa.

pero se trata simplemente de asociación espacio temporal, por lo que sabe el horario de llegada de su «amo» favorito, la hora de la cena e incluso ocupará un lugar en nuestra cama segundos antes de nuestra llegada.

Leal y cariñoso, puede llegar a reclamar una atención constante; por este motivo resulta muy adecuado que comparta su vida con otras mascotas ya que de esta forma

no se sentirá solo cuando no tengamos más remedio que abandonar por algunas horas nuestro hogar y no pueda disfrutar de nuestra presencia.

Al igual que sucede con el Persa, el gato Exótico lagrimea mucho por culpa de su cráneo achatado. Este ejemplar tricolor muestra una original combinación de tres manchas sobre el cuerpo y los ojos son de color ámbar.

A diferencia del Persa, el gato Exótico disfruta con los juegos y es muy alegre y curioso, por lo que siempre está muy atento a lo que sucede a su alrededor.

Este Exótico black tabby de tan solo 4 meses de edad dedica parte de su tiempo a su acicalamiento personal diario.

ALIMENTACIÓN

Es recomendable la utilización de alimento seco equilibrado en lugar de alimento húmedo, debido a que la concentración de proteína es mucho mayor en el primero, alrededor del 32%, mientras que en el caso de las latas oscila entre el 12 o 14%. Aún así, podemos dar este tipo de alimento de manera ocasional o como capricho, pero nunca como alimentación básica todos los días.

Tendremos que recurrir en el caso de esta raza a piensos que tengan un tamaño de gránulo que ellos puedan aprehender con sus cortas mandíbulas. Resultan adecuados los piensos destinados a la raza Persa debido a la gran semejanza que tienen estas dos razas; también es importante alternar con piensos ricos en fibra para mantener una adecuada higiene intestinal, sobre todo en las épocas de muda para evitar la formación de bolas de pelo. Y nunca está de más darle malta, la cual deshace las bolas de pelos que traga el gato y facilita el tránsito intestinal.

Patrones

Tipping: solo las puntas del pelo tienen color, con las bases más claras o despigmentadas.

- **Smoke o humo:** el color de la punta es oscuro y la base lo más clara posible; ojos de color naranja.

- **Shell:** efecto chispeante al estar solo la punta pigmentada; ojos color cobre, naranja o dorado intenso.

- **Silver shaded:** es más oscuro que el shell, negro en 1/3 del pelo. Ojo verde esmeralda o azul verdoso.

- **Blue silver shaded:** es igual que el anterior pero en lugar del negro se presenta el azul. Ojos de color dorado intenso; trufa de color azul.

- **Peltre:** es de reciente creación, presenta tipping con subcapa albaricoque y en la punta dorada; Ojos de color naranja o dorado; la trufa es de color rojo ladrillo y reborde en negro.

- **Golden tipping:** la subcapa es albaricoque y la punta dorada; existe la variedad golden shaded, que es la más oscura, y la golden shell, más clara. Ojos verdes y trufa de color rojo ladrillo con contorno color foca.

Colorpoint: es el llamado patrón siamés, que consiste en pigmentaciones más oscuras en los denominados puntos o point (cara, orejas, cola, extremidades) y en el cuerpo un tono más claro. Existe infinidad de colores admitidos para los puntos y también diferentes patrones y dibujos.

En este gatito shell o chinchilla de unos 5 meses de edad podemos observar los característicos ojos redondos de la raza Exótico.

Este Exótico black smoke es tan observador que se adelantará a lo que vaya a hacer su propietario: por ejemplo, es capaz de saber a qué hora se va este a la cama, por lo que cuando llegue al dormitorio su gato ya estará esperándole sobre la colcha.

Persa

Esta raza es originaria de la antigua Persia, que en la actualidad coincide con Irán. Se trata de una raza muy antigua que debe su difusión a las constantes invasiones de los persas por todo Oriente Medio. Pero no fue conocido en Europa hasta los siglos XVII y XVIII, donde rápidamente se popularizó debido a su espectacular manto y sus peculiares rasgos. Al principio tuvo que competir seriamente con el Angora turco, pero rápidamente se hizo hueco en los salones más lujosos de las principales ciudades de la vieja Europa.

Los gatos Persas actuales surgieron en Inglaterra en el siglo XIX, producto del cruce entre un gato Persa de pura raza procedente de Irán y un Angora turco de color blanco. De esta forma se consiguió un pelo más sedoso y se multiplicaron los colores

del manto. Pero debido a la gran demanda, los criadores se centraron en resaltar y llevar al límite la redondez de su cabeza, hasta tal punto que fue necesario tomar

Manto

El gato de raza Persa tiene un manto espeso, denso y largo que puede oscilar entre 10 y 20 cm. Su pelaje admite infinidad de colores y distintos patrones, por lo que más de un centenar de mantos diferentes son considerados como distintas variedades de esta raza.

Según la coloración del manto, se pueden subdividir las más de 100 variedades de gatos Persas en distintos grupos de acuerdo con la FIFe, aunque hay variaciones según la asociación que se tome como referencia.

Cabeza redondeada con el cráneo ancho, frente abombada y pómulos desarrollados.

Orejas pequeñas y separadas, de punta redondeada, con penachos y de inserción baja.

Mandíbulas anchas, cortas y poderosas.

Ojos redondeados y muy brillantes. El color ámbar es el más frecuente, pero pueden ser azules e incluso con distintas pigmentaciones.

Nariz pequeña, corta y ancha, con stop definido y amplio puente. Sus narinas están muy abiertas.

Cola corta, con la punta redondeada y toda ella cubierta de abundante pelaje.

El gato Persa necesita un entorno tranquilo y organizado, con hábitos y rutinas bien establecidos para sentirse cómodo y equilibrado.

en la actualidad sufre una recesión debido al gran esfuerzo que exige el mantenimiento de su manto.

MORFOLOGÍA

En cuanto a su aspecto general, se trata de una raza de tamaño medio a grande, de cuerpo firme, robusto y musculoso que le proporciona una silueta característica de formas

medidas para evitar la total degeneración de la raza. Durante mucho tiempo ha sido una de las razas más demandadas y reconocidas en todo el planeta, pero

Origen:	Persia (actual Irán)
Tipo:	de medio a medio-grande
Peso:	3,5 a 7 kg
Manto:	abundante y denso, con subpelo denso y lanoso, y capa externa larga, fina y sedosa
Capa:	se permiten todos los colores y patrones, a excepción del colorpoint que solo se permite al Himalayo
Vida:	entre 12 y 16 años
Carácter:	muy tranquilo, dormilón
Mantenimiento del manto:	necesita cepillado diario
Alimentación:	alimento seco equilibrado adecuado a la forma de sus mandíbulas
Cuidados especiales:	limpieza de sus lagrimales, darle malta para evitar la formación de bolas de pelo
Enfermedades asociadas:	propensa a sufrir enfermedad poliquística renal, cardiomiopatía hipertrófica y atrofia progresiva de la retina

La raza de gatos Persa actual es el resultado de cruzar un Angora turco con un Persa de pura raza. En la actualidad ha perdido cierta popularidad debido al tiempo de dedicación que precisa su manto.

Durante algún tiempo esta raza sufrió la cría indiscriminada que produjo ejemplares excesivamente chatos, lo que acrecentaba sus problemas respiratorios, como le sucede a este Persa tricolor.

Las extremidades posteriores son más cortas que las delanteras y ambas son desproporcionadamente pequeñas respecto al tamaño general del cuerpo.

redondeadas. También contribuye a sus formas redondeadas su cuello corto y musculoso. Las extremidades están dotadas de una fuerte osamenta y son ligeramente cortas en proporción al tamaño de su cuerpo, siendo más cortas las

posteriores que las anteriores. La cabeza es, en general, redondeada y ancha, con la región frontal abombada, carrillos abultados, mandíbulas cortas y poderosas y la nariz también muy chata y ancha.

El manto del Persa es una de sus características más llamativas junto con la forma de su cabeza. El manto está compuesto por un pelo externo largo y sedoso y otra capa interna de textura lanosa, lo que confiere al

Monocolores

Un solo color ocupa toda la superficie corporal del gato, y cubre el pelo en su totalidad, desde la raíz a la punta. Son los ejemplares más difíciles de conseguir, por lo que son los menos abundantes. Lo más habitual son los ejemplares bicolores e incluso tricolores.

Los ejemplares de color chinchilla son los más difíciles de conseguir, por lo que son muy codiciados entre los aficionados a esta raza.

La Persa es considerada una raza «natural» porque el hombre no participó ni intervino en su formación, y sus características se transmiten de manera natural, como ha sucedido con este ejemplar golden brown tabby.

pelaje un aspecto exuberante y pomposo. La longitud puede oscilar entre los 10 y los 20 cm y está recubierto de una sustancia oleosa que le proporciona impermeabilización.

CUIDADOS

Debido a la peculiar forma achatada de su región facial, sus ojos tienen tendencia a lagrimar en exceso; por este motivo se forman unos surcos

La cabeza del Persa es ancha y redondeada. Algunos criadores intentaron mediante cruces conseguir ejemplares con la cabeza todavía más grande, pero esta práctica fue prohibida.

en el ángulo interno del ojo que debemos limpiar todos los días con productos específicos para evitar posibles infecciones.

Para evitar la formación de nudos, se ha de cepillar todos los días su

La forma achatada de la región facial provoca que el Persa lagrimee en exceso, por eso es necesario aplicar un producto específico para los ojos todos los días.

Persa red tabby o tabby rojo, con capa base roja formando anillos en la cola. Esta capa es difícil de apreciar debido a la longitud del pelo, pero se ve mejor en la M de la frente.

Ejemplar silver tabby que consigue su exuberante manto gracias a la sedosa y larga capa externa y la lanosa capa interna.

Los ojos de los gatos de la raza Persa son especialmente brillantes, gracias en parte a su constante lagrimeo.

manto. También es adecuado insistir en su mantenimiento mediante el cepillado para evitar que el animal al lamerse ingiera pelos que luego se puedan compactar en el intestino formando bolas de pelos capaces de provocar graves problemas digestivos. Para facilitar el tránsito y evitar la compactación de los pelos ingeridos se recomienda administrar malta de manera periódica.

Es una raza muy propensa a tener problemas en el parto debido a la cabeza voluminosa de los cachorros y a la estrechez de la pelvis de la madre. Por este motivo en muchas ocasiones hay que recurrir a la cesárea para salvar la vida de la madre y las crías.

Bicolores

Es la presencia de cualquier color combinado con el blanco. Se clasifican teniendo en cuenta el porcentaje de blanco en la superficie corporal, pudiendo ser:

- **Bicolor estricto:** el blanco cubre entre el 30 y el 50%.
- **Arlequín:** el blanco cubre el 50 y el 75%.
- **Van:** todo el cuerpo blanco excepto la cola, el antifaz y las orejas.

El color de los ojos para las variedades van y arlequín puede ser azul, cobrizo o dispares, pero para el resto son de color cobre exclusivamente.

Es muy habitual recurrir a la cesárea en los partos del Persa porque la cabeza de los cachorros es muy grande mientras que la pelvis de las hembras es estrecha.

Abajo, ejemplar blue tortie smoke.

Bicolor red blotched tabby, con amplias líneas oscuras en flancos, dibujo circular en el cuerpo similar a un ala de mariposa y la típica M de tabby en la frente.

El estándar de la raza establece el color ámbar para los ojos como el más deseable, pero también son admitidas otras tonalidades.

Persa es proclive a presentar la enfermedad poliquística renal, una patología de origen genético y, por lo tanto, hereditaria. Deben ser eliminados de las líneas reproductoras todos aquellos ejemplares que la manifiesten o que generen camadas afectadas.

La enfermedad poliquística renal, la cardiomiopatía hipertrófica y la atrofia progresiva de la retina son las enfermedades típicas de esta raza de gatos.

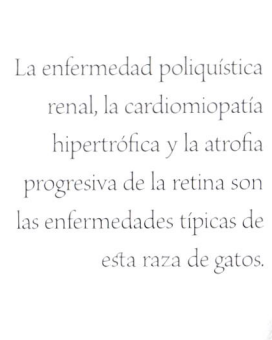

El gato Persa, como este arlequín, no tiene instinto cazador; por lo que es bueno para la vida en el interior. A veces demuestra interés por los insectos.

Ejemplar blue smoke. A pesar de su carácter tranquilo, no tolera con facilidad la presencia de otras mascotas porque prefiere que la atención de todos recaiga sobre él.

El gato Persa es capaz de pasarse horas y horas sesteando, siempre que esté calentito, por eso suele ser llamado «tigre de sofá».

CARÁCTER

Es una de las razas más tranquilas que existen y pasa largas horas durmiendo, por lo que es conocido como «tigre de sofá». No tiene en absoluto instinto cazador, aunque pudiera demostrar cierto interés por algún insecto de manera ocasional.

Es muy adecuado para la vida en el interior. Le gusta la compañía humana y la reclama, pero no es un gato faldero: sigue a su propietario a cierta distancia observando todo lo que hace pero sin participar.

Es una raza que no parece disfrutar mucho con el juego, ya que prefiere pasar muchas horas sesteando tan tranquilo junto a un

Gato Persa con capa arlequín: a pesar de las manchas distribuidas por su manto, la proporción de blanco está comprendida entre el 50 y el 70%.

Gato bicolor azul y blanco, en el que la proporción de blanco ronda el 30% de la superficie corporal.

Ejemplar black smoke. Es un gran observador que no perderá de vista ni un momento a su propietario, además de que le gusta mucho la compañía humana, sin llegar a ser un gato faldero.

foco de calor, como puede ser un radiador, una hoguera o un ser humano lo bastante considerado como para no soliviantarlo y permitirle el descanso. Puede convivir con niños de cierta edad y que demuestren respeto hacia él, pero no tolera el trato brusco de los bebés humanos, y tampoco le resulta fácil compartir su mundo con otras mascotas. Si tiene que convivir con otros animales o con niños muy pequeños, debemos prestarle mucha atención.

El gato Persa es muy presumido. Es muy habitual que se pasee y exhiba para que todos los que están a su alrededor aprecien su belleza. Él es consciente de su hermoso manto y no duda en recordárnoslo.

ALIMENTACIÓN

Se recomienda alimentarlos con pienso seco equilibrado específico

Patrones

Tortie o tortuga: resultado de la mezcla íntima de colores que cubren todo el cuerpo. Dependiendo del color base podemos hablar de: black tortie (negro y rojo), blue tortie (azul y crema), chocolate tortie (chocolate y rojo) y lilac tortie (lila y crema). Es un patrón ligado al sexo y solo lo presentan las hembras. El color de ojos que acompaña a este patrón es anaranjado o cobrizo.

Calicó: se produce cuando el tortie o tortuga es combinado con el color blanco (tricolor). En Europa recibe el nombre de «tortie (color base) y blanco». El término calicó se utiliza en Estados Unidos.

Este ejemplar de gato Persa tricolor con triángulo distintivo en la cabeza tiene un año de edad.

Capa tortuga negro, que es exclusiva de las hembras debido a que es un patrón ligado al sexo.

Ejemplo de Persa Himalayo con las características manchas oscuras en algunas partes de su cuerpo.

Patrones

Tabby: es uno de los patrones más antiguos de los felinos. Pueden mostrar diferentes dibujos:

- **Mackerel** (atigrado).
- **Blotched** (veteado).
- **Spotted** (moteado).
- **Silver tabby:** con la base del pelo plateado, ojos cobre o verdes.
- **Golden tabby:** sobre base de pelo dorado los colores negro y azul; ojos verdes o verde azulados.

Colorpoint: esta capa solo la presenta el Himalayo, del que hablaremos a continuación. Los ojos siempre serán de color azul intenso.

Tortie-tabby o torbie: son gatos tabby con capa de tortie, bien definidos y no mezclados. Todos tienen ojos anaranjados o cobrizos.

Tipping (tipped): solo la punta (tip) del pelo es de color , la base es clara o despigmentada. Puede ser:

- **Smoke** (humo): con base plateada y 2/3 coloreado.
- **Shell:** cuando el tipping tiñe 1/8 de la longitud total.
- **Shaded** (sombreado): en 1/3 de la longitud.

Este ejemplar tiene un sedoso manto black smoke con tonos blanco, negro y humo, en los que resaltan sus ojos ámbar.

Este precioso cachorro de gato Persa bicolor negro y blanco con pinceladas crema solo tiene 6 meses. Desde pequeños hay que darles malta para evitar que se formen bolas de pelo que luego se tragan.

Ejemplar bicolor tipo van blanco más crema: el color blanco ocupa casi la totalidad del cuerpo, a excepción de las orejas, la cola, la nariz y los pies.

para felinos de esta raza, ya que debido a la forma de las mandíbulas, el gato Persa tiene problemas para conseguir aprehender determinado tamaño de gránulo.

Necesita, sobre todo en la época próxima al invierno, alimentarse de piensos con un porcentaje adecuado de grasa para, de esta manera, conseguir nutrir de esta sustancia su manto y mantener su correcta impermeabilización ante las temperaturas bajas y el ambiente húmedo.

Debido a su predisposición al sedentarismo y a pasar largas horas durmiendo, esta raza tiene tendencia a la obesidad, por lo que debemos vigilar su ración diaria e intentar, en la medida de lo posible, que realice más ejercicio. Para ello será bueno hacer que juegue o bien sacarle a alguna terraza o jardín para que pasee un rato y queme energía.

El Persa es un gato muy presumido que hace una clara ostentación de su evidente belleza.

Todos los gatos Persa tienden a no hacer ejercicio, por lo que hay que vigilar la cantidad de comida que ingiere, como le sucede a este ejemplar con capa tortie.

Este Persa arlequín precisa un tipo de alimentación específico para esta raza ya que algunos granos muy pequeños de la comida seca no los puede atrapar correctamente con sus mandíbulas.

Ejemplar crema. El excesivo sedentarismo de esta raza provoca demasiados casos de obesidad, que una vez adquirida es difícil de reducir.

Himalayo
variedad Persa de capa colorpoint

El origen de esta raza se remonta a los años treinta en Estados Unidos y es fruto de la investigación de dos genetistas que buscaban respuestas relacionadas con la transmisión de colores en los felinos. En el mencionado estudio se cruzaron ejemplares de raza Siamés y gatos Persas y, tras muchas decepciones, por fin nació una gatita de pelo largo que tras ser cruzada con su padre dio a luz los primeros ejemplares de gato Himalayo, es decir, un gato de pelo largo y con la capa colorpoint típica de la raza Siamés. Fueron necesarios casi 30 años para fijar completamente las características típicas de esta nueva raza.

A pesar de ser un híbrido en su origen, hace mucho tiempo que el Himalayo solo conserva del Siamés sus típicos «point», manteniendo una auténtica independencia genética con esta raza de la que procede.

MORFOLOGÍA

El gato de raza Himalayo tiene el cuerpo corto, firme y redondeado; mantiene en todo momento un aspecto proporcionado, con pecho bien desarrollado y con buena distancia entre los hombros. Su cuello es corto, compacto y musculoso, y sus extremidades, más largas las anteriores que las

Orejas pequeñas y redondeadas, no muy abiertas en la base, colocadas dentro del contorno de la circunferencia que conforma la cabeza.

Cabeza redondeada con mentón bien desarrollado, fuerte y lleno. Nariz igual de larga que ancha, con narinas amplias y abiertas.

Ojos redondeados, grandes, algo separados y expresivos. Se prefiere el azul intenso, pero el azul medio también es aceptado.

Mentón bien desarrollado, fuerte y lleno, colocado dentro de la circunferencia de la cara.

Cola corta y recta, recubierta de abundante pelaje asemejando a un plumero.

Manto

El manto del Himalayo está compuesto por doble capa: la externa exhibe pelo largo y de textura suave, y la interna es de lanilla densa que mantiene el pelaje esponjoso y separado del cuerpo.

La capa característica de esta raza es colorpoint, que tiene determinadas partes del cuerpo coloreadas denominadas «point» que siempre son: la región facial (máscara), orejas, cola y extremidades. A esta distribución de color se le denomina patrón siamés o colorpoint; el resto del cuerpo tiene siempre un color uniforme y de tonalidades más claras que los «point».

Los colores que pueden tener los denominados «point» pueden ser: colores sólidos y diluidos; tortie (tortuga); tabby point o lynx point; tortie tabby point o tortie lynx point.

posteriores, son cortas y robustas, dotadas de una osamenta fuerte. El gato de raza Himalayo comparte con el Persa su fisionomía y el espectacular manto, y solo se diferencia en su capa y en sus maravillosos ojos azules, que son herencia del Siamés ojos azules.

CUIDADOS

Esta raza necesita, como todas las razas de pelo largo, un cuidado y mantenimiento exhaustivo del manto para conservarlo en perfectas condiciones, así que debemos cepillarlo casi a diario insistiendo en las zonas donde el animal apoya cuando descansa, es decir, en la parte baja del pecho y en el vientre, para evitar así la formación de nudos que, una vez que se han formado, solo se resuelven mediante el corte de pelo.

También debemos cepillar para retirar el pelo muerto y de esta

Debido a la abundancia del pelaje de esta raza es fundamental un cepillado cuidadoso y frecuente para evitar la formación de nudos.

manera conseguiremos dos objetivos: por un lado, favoreceremos la oxigenación y evitaremos la aparición de infecciones, y, por otro, prevendremos que el animal ingiera excesivos pelos al lamerse que pueden originar bolas de pelo en su intestino, que podrían llegar a plantear problemas realmente serios.

Debemos también tener en cuenta que debido al excesivo

Origen: Estados Unidos	
Tipo: medio	
Peso: entre 3,5 y 7 kg	
Manto: doble: capa externa larga y suave, y capa interna con abundante pelo lanoso	
Capa: siempre colorpoint, en infinidad de colores y patrones	
Vida: de 12 a 16 años	
Carácter: equilibrado, amable, cariñoso	
Mantenimiento del manto: cepillados diarios para repartir bien su capa grasa, de esa manera se mantiene siempre brillante y evitamos que se vuelva mate	
Alimentación: alimento seco adecuado para esta raza, repartiendo la ración diaria a lo largo del día; siempre debe tener agua fresca y limpia a su disposición	
Cuidados especiales: debemos limpiar sus ojos del excesivo lagrimeo y también le administraremos malta para evitar la formación de tricobezoares	
Enfermedades asociadas: es propenso a enfermedades renales. En la actualidad se eliminan de las líneas de cría aquellos ejemplares que las transmiten	

La capa seal point es una de las más habituales de esta raza: los puntos son siempre de color marrón foca, y la nariz y las almohadillas, de color marrón.

Colorpoint significa que hay una pigmentación oscura que cubre los denominados «point» (cara, orejas, cola y extremidades), siendo el resto del manto de un tono uniforme y más claro que los «point».

Seal-torti-point: esta hembra de raza Himalaya presenta una máscara color café oscuro con manchas crema y un tono beis claro cubre el resto de su cuerpo, excepto los «point».

acortamiento de su cara puede presentar problemas comunes a otros gatos chatos, como fallos respiratorios, oftalmológicos, mandibulares y faciales.

CARÁCTER

Esta raza se caracteriza por ser de carácter tranquilo y muy sociable. Es muy fácil convivir con él por su carácter amable y equilibrado. También es compatible con otras mascotas y tolera a los más pequeños de la casa demostrando gran paciencia con sus juegos, siempre que se muestren respetuosos.

Del Siamés ha heredado su gran curiosidad, su vitalidad y algo de su gran capacidad para vocalizar, pero afortunadamente la intensidad de sus maullidos suele ser menor.

Es una raza adecuada para familias con niños de cierta edad, y para propietarios primerizos que tengan tiempo suficiente para el mantenimiento del manto.

ALIMENTACIÓN

Debido al gran achatamiento de la región facial, las mandíbulas del Himalayo y del Persa son muy cortas, y por este motivo tienen ciertas dificultades para poder aprehender algunos tipos de gránulos de alimento seco. Esto lo debemos tener en cuenta al comprar el pienso, aunque, actualmente,

Colores

Colores sólidos y diluidos: todos los point deben ser uniformes y homogéneos, sin manchas blancas que formen dibujos. Los colores permitidos pueden ser:

- **Seal point:** máscara marrón oscuro (foca), con cuerpo beis pálido, con nariz y almohadillas de color marrón.
- **Chocolate point:** máscara canela cálido, cuerpo marfil, nariz y almohadillas coral rosado.
- **Blue point:** máscara azul claro, cuerpo blanco azulado, nariz y almohadillas azules.
- **Lilac point:** máscara lila claro, cuerpo blanco cremoso, nariz y almohadillas rosa lavanda.
- **Red point:** máscara roja, cuerpo blanco cremoso, nariz y almohadillas coral rosado.
- **Cream point:** máscara crema amarillento, cuerpo blanco cremoso.

Los cachorros del Himalayo nacen blancos, y los puntos aparecen en torno a los dos o tres meses, pero no es hasta la madurez cuando adquieren la tonalidad definitiva.

muchas de las mejores marcas han diseñado gránulos adaptados a sus mandíbulas.

También debemos tener en cuenta la longitud de su manto y, por tanto, debemos recurrir a alimento seco especial para razas de pelo largo, que incorporan en sus fórmulas más cantidad de fibra para arrastrar en lo posible muchos de los pelos ingeridos, evitando de esta manera la posibilidad de formación de bolas de pelo. Para evitar este problema debemos incluir en su alimentación preparados que contengan malta, ya que esta favorece el tránsito intestinal y previene la compactación de los pelos ingeridos.

Los «point» son termosensibles: cuando aumenta la temperatura ambiental se aclaran y, cuando disminuye, se oscurecen.

Patrones

Las capas tortuga (tres colores simultáneamente en el manto) y las torbie (combinación de tortuga con tabby) siempre pertenecen a ejemplares hembras.

Tortie colorpoint: las capas tortuga están formadas por mezcla de mechones de colores sólidos, como el rojo y el negro, o diluidos, como el azul y el crema, sin dibujos definidos. El color de la máscara debe ser del color principal (seal, chocolate, blue, lilac) con manchas rojas o cremas, y el cuerpo blanco, crema o beis pálido. Las almohadillas y nariz se corresponden con el color principal. Existirían por tanto:

- **Seal-tortie-point:** máscara café oscuro con manchas crema, cuerpo crema claro.
- **Blue-tortie-point:** máscara azul con manchas crema, cuerpo crema claro.
- **Chocolate-tortie-point:** máscara canela con manchas rojo o crema, cuerpo de color marfil.
- **Lilac-tortie-point:** máscara lila con manchas cremas, cuerpo blanco glacial.

Tabby-point: también denominados lynx-point. En la frente deben llevar rayas verticales y un dibujo bien definido con la forma de la letra M. También deben tener rayas horizontales en las mejillas y dibujos alrededor de los ojos.

Las patas delanteras cuentan con anillos rotos desde los dedos hacia arriba; la parte trasera de las extremidades es de color uniforme al igual que las orejas, pero con mancha obligatoria de color más claro en la parte exterior de las mismas.

Los colores admitidos son todos los definidos con anterioridad. Para denominarlos se antepondrá el nombre del color del point seguido por el término tabby.

Tortie-tabby-point: es la combinación de los tortie y los tabby. Estas capas se reconocen también por el término «torbie». El patrón sigue las manchas de las orejas de color rojo o crema, siendo la parte interna de la oreja más clara. La cola debe tener anillos rotos y las almohadillas, el color que le corresponde a las marcas. Los nombraremos poniendo en primer lugar el color base de tortie, seguirá el término tabby y posteriormente point. Ejemplo: seal-tortie-tabby-point.

Siberiano

Ragdoll

Bosque de
Noruega

GATOS DE PELO SEMILARGO

Maine
Coon

Sagrado de
Birmania

La Perm

Ragamuffin

Angora
turco

Selkirk Rex

Van turco

American
Curl

En este grupo están incluidas todas aquellas razas que presentan un manto semilargo. En él encontramos ejemplares muy distintos en cuanto a las características morfológicas y también en cuanto a su temperamento, pero en lo que todos coinciden es en que ninguna de estas razas tiene la estructura compacta que presentan los ejemplares que pertenecen al primer grupo.

Podemos encontrar en este segundo grupo diez razas, entre las que figuran algunas de las más bellas de todos los felinos domésticos, como el Bosque de Noruega o el Maine Coon, muy similares en su aspecto externo y con una apariencia que nos recuerda a los pequeños gatos salvajes que poblaban los bosques en la Antigüedad. El Bosque de Noruega tiene una estructura robusta y potente, y un cuerpo longilíneo, con un manto frondoso y vaporoso que forma un abundante collar y calzas. En cuanto al Maine Coon, es muy similar al anterior y tiene la particularidad de ser una de las razas de felinos domésticos más grandes, pudiendo llegar a pesar hasta 14 kg. Ambas razas se caracterizan por tener un carácter amable y muy sociable.

En este grupo también podemos encontrar el espectacular gato Siberiano, también llamado Gato del Bosque de Siberia, que es una raza de aspecto muy similar a las del Bosque de Noruega y el Maine Coon. Conserva el aspecto de animal salvaje, pero solo en su exterior porque tiene un temperamento amable y es una de las razas de felinos domésticos más dócil y de fácil manejo. Su estructura es muy fuerte y también es una raza muy resistente con una salud de hierro.

En este grupo podemos encontrar criaturas tan curiosas como los Ragdoll o «muñeca de trapo»,

que es una de las pocas razas que disfruta cuando se encuentra en brazos de sus propietarios, y lo hace de tal manera que se desmadeja y queda totalmente laxo como si se tratara de una muñeca de trapo (por este motivo recibe este nombre). Es una raza con gran fortaleza ósea y muscular y la longitud de su cuerpo puede llegar a alcanzar los 90 cm de longitud. Su manto puede presentar distintas capas, pero la más conocida y demandada es la capa colorpoint que presenta los típicos «point» del patrón siamés, pero con la particularidad de tener manchas de color blanco que cubren sus pies.

Mantos singulares

También podemos encontrar algunas razas que presentan un manto muy particular debido a que su pelaje posee un aspecto rizado u ondulado. Entre las razas que tienen esta peculiaridad podemos encontrar el gato La Perm y el Selkirk Rex. Estos mantos rizados son siempre fruto de mutaciones genéticas que el hombre se encarga de seleccionar para transmitir este gen mutante a las siguientes generaciones para crear nuevas razas felinas. La dificultad se presenta cuando este gen es de carácter recesivo, lo que quiere decir que para su transmisión es imprescindible que ambos progenitores lo contengan en su genotipo; por el contrario, cuando este gen es de carácter dominante, es suficiente con que uno de los progenitores lo contenga para que al menos el 50% de su descendencia lo presente.

En el caso del La Perm y el Selkirk Rex la particularidad de su manto se debe a una mutación natural. El La Perm tiene un tipo de manto rizado u ondulado, es de talla mediana y, por ser descendiente de gatos de granja, es duro y muy resistente; también tiene un carácter muy activo, es

El manto semilargo es la principal característica que comparten estas razas, que sin embargo poseen temperamentos muy distintos.

un excelente cazador pero es tierno y amable con sus propietarios. Los Selkirk Rex también tienen un origen callejero, pero en su formación intervinieron tres titanes de las razas felinas (el Persa, el gato Británico de pelo corto y el Americano), por eso su aspecto es robusto y compacto debido a la aportación del Persa, su carácter es equilibrado por la sangre que corre por sus venas del British, y al Americano le debe su resistencia, su gran instinto cazador y el carácter independiente y curioso. En ambas razas el cuidado de su manto es complicado debido a que no podemos utilizar cepillos tradicionales para no deshacer el rizo. También es importante vigilar que no tenga parásitos externos camuflados entre sus rizos.

En este grupo también encontramos dos razas que tienen en común el lugar de procedencia u origen. Son los gatos que llegaron desde Turquía y

entre los que encontramos el Angora, muy difundido y reconocido por su particular pelaje similar al cachemir, y el gato Van, que presenta una particular capa blanca con colores únicamente distribuidos en su cola y en las orejas. Ambas razas tienen una morfología similar, pero con algunas diferencias. El gato de Angora tuvo grandes momentos de gloria y fue muy demandado entre las clases adineradas europeas debido a su espectacular pelaje y a su aspecto elegante. Tal fue la demanda que se produjo un descenso en el número de ejemplares que casi los lleva a la extinción. La única manera de conseguir su supervivencia fue criarlos en cautividad en el zoológico de Ankara. Es una raza de tipo ligero con fina osamenta y cuerpo esbelto; también se caracteriza por ser una de las pocas razas naturales en la que el hombre no ha participado en su formación. El Van turco también es

En este grupo se incluyen varias razas de felinos domésticos entre las que figuran: sobre estas líneas, Maine Coon; a la izquierda, La Perm; y abajo, American Curl.

originario de Turquía, pero debido a haber sufrido el aislamiento en su región de origen ha conservado todas las características originales y ha mantenido inalterable su particular manto. Se diferencia del de Angora en que su estructura corporal es más fuerte y robusta. También presenta la particularidad de ser un excelente nadador debido a haber vivido durante toda su vida en las proximidades de un lago cerca de Van.

Nos queda por revisar el llamado gato Birmano o Sagrado de Birmania, cuyos antepasados eran considerados animales sagrados debido a la creencia de que albergaban las almas de los monjes budistas que fallecían, y que siempre habitaban cerca de los templos. Esta raza es el producto de la hibridación de sus antepasados con Persas y Siameses. Del Persa heredó su carácter tranquilo y apacible y del Siamés, su particular

capa con patrón colorpoint a la cual se le añaden unas particulares manchas blancas que adornan sus extremidades y también algo de la actividad de esta raza. Es una raza muy hogareña y sociable, por lo que no presenta problemas a la hora de compartir su vida con otras mascotas.

Por lo tanto en este grupo encontramos ejemplares muy variados en cuanto a la morfología y a su temperamento. No será difícil encontrar entre alguno de ellos un compañero que se adapte con facilidad a nuestro estilo de vida. Antes de decantarnos por un gato de manto semilargo, debemos recordar que hemos de dedicarle parte de nuestro tiempo al mantenimiento del mismo y que luzca en todo su esplendor; debido a su manto, algunos presentan problemas de bola de pelo o tricobezoares, y para evitarlo le administraremos malta o hierba gatera.

Angora turco

Es una raza originaria de Turquía y hereda su nombre de la ciudad de Ankara, que antiguamente recibía el nombre de Angora; algunos expertos indican que se trata de una de las razas más antiguas y también más bellas de los gatos domésticos. Su difusión y expansión por el Oriente Medio tuvo lugar en el siglo X y fue gracias a los mercaderes otomanos que se dedicaban a su exportación. En el siglo XVI llegó a Europa de manos de comerciantes franceses e ingleses.

Poco a poco esta raza consiguió encontrar un lugar privilegiado entre los aficionados al mundo del gato, y durante mucho tiempo fue una de las razas consideradas de lujo debido a su espectacular pelaje.

MORFOLOGÍA

Su aspecto es el de un gato de tamaño mediano con un cuerpo esbelto, con osamenta fina y fuerte musculatura; su silueta es delicada y nunca presenta un aspecto pesado. Sus extremidades son largas y delgadas. El cuello es de longitud media y soporta una cabeza pequeña. Su cola es larga y toda ella recubierta de un pelaje frondoso a modo de plumero.

Manto

El manto del Angora turco es fino y sedoso, de longitud semilargo y carente de lanilla interna. A pesar de no tener submanto, no lo lleva pegado excesivamente al cuerpo por lo que tiene un aspecto ligeramente vaporoso.

La longitud del manto no es uniforme y se alternan varias longitudes dependiendo de la zona anatómica que cubra. Es semilargo en el cuerpo; más corto sobre el lomo y la región facial; largo en la gorguera, vientre y cola, pero su parte inferior es ondulada.

En cuanto al color, se admiten todas las capas a excepción de: chocolate, lila, fawn, canela y el factor Burmés; tampoco es admitido el patrón siamés.

La capa más demandada es la de color uniforme o monocolor en blanco.

Cabeza de forma triangular y tamaño mediano, con barbilla redondeada.

Orejas grandes, juntas y anchas en la base y terminadas en punta, con mechones de pelo.

Nariz recta, larga y sin stop.

Ojos grandes y almendrados, ligeramente oblicuos. Se admite cualquier color: ámbar, cobre, verde, azul, amarillo y dispares en las capas blancas.

Extremidades finas y largas con pequeñas almohadillas, siendo más largas las traseras.

A pesar de su delicada complexión se trata de una raza fuerte y ágil. Es una raza que da la impresión de equilibrio, proporción y ligereza, con un movimiento vaporoso debido a su pelaje algodonoso y sus pequeños pies.

CUIDADOS

Se trata de una raza sana, resistente y longeva. A pesar de su manto semilargo, no necesita grandes cuidados debido a que carece de subpelo o subcapa lanosa. Debemos administrar cremas de malta para evitar la formación de bolas de pelo y dedicar algunos minutos al cepillado de su manto.

Los ejemplares de manto de color blanco pueden padecer sordera congénita, sobre todo los que tengan ojos dorados o dispares.

CARÁCTER

Independiente y con fuerte carácter, pero es cariñoso y juguetón con sus propietarios; tiene suficiente paciencia para soportar durante cierto tiempo los juegos de los más pequeños de la casa.

El gato de Angora turco es considerado uno de los más preciados tesoros en su país de origen.

Es una raza muy inteligente e interacciona en el hogar participando de las actividades, no le gusta que le ignoren y sigue permanentemente a su amo pero no le gusta que le achuchen y prefiere cierta distancia.

Gran escalador, por lo que no será difícil verle en los lugares más altos de la casa observando el panorama, también aprende todo tipo de trucos y las normas que rigen en su hogar. No es celoso y convive fácilmente con otras mascotas si se le acostumbra desde cachorro.

En definitiva es un gato con el que la convivencia está garantizada, solo reclamará orden y un ambiente agradable, libre de ruidos para sentirse realmente cómodo.

ALIMENTACIÓN

No necesita nada más que alimento seco adecuado para felinos, sus requerimientos nutricionales estarán garantizados con los piensos que en la actualidad nos ofrece el mercado. Deberemos vigilar su alimentación en el caso en que tienda a la obesidad; en este sentido, le ofreceremos menos ración diaria o piensos adecuados para ejemplares que vivan en el interior del hogar.

Origen: Turquía	
Tipo: mediano-pequeño	
Peso: 2,5 a 5 kg	
Manto: semilargo fino y sedoso, sin lanilla interna	
Capa: todos los colores, a excepción del chocolate, lila, canela, fawn y el factor Burmés	
Vida: de 15 a 18 años	
Carácter: independiente, cariñoso, juguetón, amante del orden	
Mantenimiento del manto: se reduce a simples cepillados. No forma nudos al no tener lanilla interna	
Alimentación: alimento seco equilibrado	
Cuidados especiales: vigilar posible sobrepeso y administración de malta	
Enfermedades asociadas: sordera en ejemplares de color blanco con ojos amarillos o dispares	

Debido a sus líneas delicadas, a su espectacular manto y a su caminar majestuoso y elegante, esta raza gozó de gran popularidad durante décadas en Europa y Estados Unidos.

American Curl Longhair

El ahora denominado American Curl es fruto de una casualidad ya que todo comenzó cuando un gato callejero fue encontrado por unos criadores de California. El ejemplar en cuestión llamó la atención de estos criadores debido a la extraña apariencia de sus orejas, que eran pequeñas y curvadas hacia atrás. Decidieron probar suerte e incorporarlo a su proyecto de cría para confirmar si esta peculiaridad podría ser transmitida a las futuras generaciones. En la primera camada en la que fue utilizado este ejemplar y otro de la raza Maine Coon dio como fruto cuatro cachorros, de los cuales dos de ellos presentaban las orejas pequeñas y rizadas hacia atrás.

Todo esto sucedió hace muy poco tiempo, pues estamos hablando del año 1981. Esta rareza despertó la curiosidad de un genetista inglés que se dedicó a cruzar diversos ejemplares con los cachorros que habían heredado esta alteración y llegó a la conclusión de

Manto

En la variedad de pelo semilargo o longhair el pelo se adapta y se pega al cuerpo debido a la escasa lanilla del submanto. Es de aspecto sedoso y suave al tacto, de longitud media pero tiene mayor extensión en la gorguera y en la cola.

Capas

Los colores admitidos en esta raza son blanco, negro, azul, crema, chocolate, lila pasando por chinchillas, plateados, dorados, tortie, torbie y los patrones tabby. También se admite el patrón siamés (colorpoint). Los colores deben ser nítidos y los dibujos bien delimitados. No se admiten el chocolate ni el canela.

Orejas con la forma característica que define esta raza, es decir, curvadas hacia atrás y con abundantes mechones que salen de su interior.

Cabeza redondeada y con forma de cuña, con hocico abultado y carnoso, con nariz recta y acortada.

Ojos de tamaño considerable y forma de nuez, es decir, ovalados en la parte superior y redondeados en su base, con mirada dulce.

Los cachorros comienzan a doblar los extremos de las orejas sobre los diez días de nacimiento y a los cuatro meses de vida presentan la máxima curvatura.

Extremidades de longitud media y terminadas en pies de forma redondeada.

Cola larga y emplumada, con base ancha y redondeada en su extremo, flexible y proporcionada.

En el American Curl podemos encontrar dos variedades según la longitud de su manto, el American Curl Longhair (de pelo semilargo) y el American Curl Shorthair (de pelo corto).

que esta era consecuencia de la actuación de un gen de carácter dominante que era el único responsable del aspecto extraño y anómalo de las orejas, pudiendo dar ejemplares con orejas rectas, producto del gen recesivo o ejemplares de orejas curvadas fruto del gen dominante.

Se trata por tanto de la creación de una nueva raza a partir de la selección de aquellos ejemplares que portan este gen mutante. El American Curl es de origen realmente reciente, pues todos estos estudios comenzaron en el año 1981; se les denominó «curl» por el significado de esta palabra, que en lengua inglesa significa «rizo».

MORFOLOGÍA

El American Curl es una raza de tamaño medio y su cuerpo presenta una forma rectangular y un aspecto delicado debido a que su musculatura no está muy desarrollada; con una cabeza de

Ejemplar adulto de la variedad longhair (pelo largo) con capa brown tabby en el que podemos apreciar las líneas típicas que definen este patrón.

Origen:	Estados Unidos (California)
Tipo:	medio
Peso:	entre 3 y 7 kg
Manto:	doble, con subpelo escaso. La capa externa semilarga es lisa y pegada al cuerpo
Capa:	se permiten todos los colores y patrones incluido el colorpoint, a excepción del chocolate y el canela
Vida:	entre 12 y 16 años
Carácter:	inteligente, cariñoso, curioso, adaptable
Mantenimiento del manto:	cepillados cada dos o tres días
Alimentación:	alimento seco equilibrado, preferentemente de carne
Cuidados especiales:	administrar malta para evitar las bolas de pelo
Enfermedades asociadas:	puede heredar las enfermedades asociadas a la raza Maine Coon; frecuentes otitis debidas a la forma de sus orejas; por lo demás es una raza sana y robusta

Esta raza se creó en el año 1981 a partir de un gato callejero que tenía estas peculiares orejas curvadas hacia atrás y con largos mechones que salen de su interior.

tamaño medio y de forma cuneiforme (cuña) que está coronada por orejas pequeñas y con la forma característica que define esta nueva raza, es decir, con una curvatura que dirige el cartílago hacia la parte posterior de la cabeza. Del interior de las mismas salen abundantes mechones de pelo que le confieren un aspecto singular y llamativo. Sus extremidades son de longitud media y acaban en pies redondos. En la variedad de pelo largo o longhair su manto está compuesto por pelaje semilargo, sedoso, suave y brillante.

En cuanto a la forma de la curvatura de las orejas, estas deben tener un ángulo de giro comprendido entre los 90º y los 120º, por lo que esta curvatura nunca debe ser tan exagerada que permita que la punta toque la parte posterior de la oreja o roce la cabeza; también es importante que el cartílago sea firme al tacto.

CUIDADOS

Debido a su abundante manto, es necesario realizar cepillados frecuentes para eliminar el pelo muerto y evitar su ingestión; de esta manera no se formarán bolas de pelo y mantendremos su espectacular manto siempre sano y brillante. También es recomendable administrar malta para facilitar la eliminación de los pelos ingeridos.

El color plateado o silver es muy habitual en esta raza con las orejas curvadas hacia atrás.

Ejemplar con capa bicolor en el que se aprecia la mayor longitud del manto en la cola aplumada.

Espectacular cachorro de la raza American Curl Longhair con capa silver tabby.

Tanto los colores como los dibujos del manto deben ser muy nítidos en todos los ejemplares del American Curl.

Los pabellones auriculares pueden presentar una base angosta que puede ser la responsable de la mala aireación del oído medio, la acumulación de secreciones y también puede dificultar su limpieza; si a esto le sumamos los abundantes mechones de pelo que crecen en su interior, tendremos que vigilar que no se produzca otitis. En el caso de observar sacudidas repetidas de la cabeza tendremos que acudir al veterinario para que nos diga las indicaciones oportunas para mantenerlas en condiciones óptimas.

A pesar de que el gen recesivo produce la deformidad del cartílago auricular, no se han detectado alteraciones de sus cartílagos en otras regiones anatómicas, como sucede en algunas razas que tienen este tipo de mutaciones a nivel cartilaginoso.

Ejemplar red tabby. La mayoría de los gatos naranjas son machos porque el gen que decide este color está ligado al sexo que tenga el ejemplar.

Cachorrita de la variedad de pelo corto o shorthair que presenta la capa calicó que únicamente tienen los ejemplares hembras.

Esta raza es muy activa y siempre está alerta para seguir jugando durante horas y horas.

Las extremidades de todos los gatos American Curl son de longitud media, pero muy estilizadas y terminadas en unos pies redondeados.

CARÁCTER

Es una raza muy inteligente, equilibrada, amable, siendo por todo esto una raza muy adecuada como animal de compañía. Por su carácter tolerante el American Curl es una raza que no presenta ningún tipo de problema en la convivencia con otras mascotas. También es muy curioso y suele seguir a sus propietarios en todas las actividades que realizan poniendo verdadero interés en todo lo que observa. Esto también lo suele hacer encaramado a las zonas más altas para no perderse ningún detalle. Una característica de esta raza es que tiene una gran facilidad para adaptarse a la forma de vida de su entorno y la habilidad para aprender rápidamente los horarios y las normas de su hogar.

Muy activo y juguetón, disfruta enredado con cualquier objeto por toda la casa y buscará la manera de poder encontrar algún compañero

En este ejemplar bicolor crema y blanco se distinguen los «pinceles de lince», es decir, los mechones que salen de las orejas.

Un American Curl con patrón siamés entre dos tabby, un black y un silver.

Este ejemplar con manto tortie hace gala de su gran curiosidad porque está mirando fijamente a un punto determinado.

de juegos entre los habitantes de lo que él considera su hogar; dada su persistencia y su particular simpatía, al final siempre se sale con la suya. En muchas ocasiones a esta raza se le atribuyen comportamientos muy similares a los de los perros, pero a pesar de ser muy interactivo y de carácter amable, sigue teniendo un alma de gato, por lo que puede demostrar en algunas ocasiones cierta independencia.

ALIMENTACIÓN

Como todos los gatos domésticos, necesitan una dieta adecuada que les aporte todos los nutrientes necesarios para el correcto desarrollo corporal y para su mantenimiento. Debemos recurrir al alimento seco equilibrado específico para felinos que nos garantice en todo momento una fórmula correcta para cubrir todas sus necesidades y que luzca en su máximo esplendor.

El American Curl tiene auténtica debilidad por la carne, por lo que debemos buscar en el mercado piensos específicos para los felinos en los que la base proteica sea de origen cárnico.

Pero no debemos aceptar sus exigencias y recurrir a la carne fresca para su alimentación cotidiana porque con esto solo conseguiremos que rechace el alimento seco.

No tiene tendencia a la obesidad debido a la gran actividad que realiza a lo largo del día, pero en el momento en el que veamos que comienza a tener cierto sobrepeso debemos rebajar su ración diaria o estimularle mediante el juego. Y al igual que sucede con cualquier mascota, debe disponer siempre de agua limpia y fresca.

Este gato American Curl tiene el característico pelo de aspecto sedoso de esta raza, que en este caso es de color blanco.

Ejemplar mackerel tabby. El American Curl siente una gran debilidad por la carne más que por el pescado.

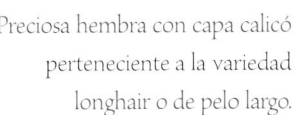

Preciosa hembra con capa calicó perteneciente a la variedad longhair o de pelo largo.

Bosque de Noruega

Esta raza originaria de Noruega también es conocida en su país de origen como Skogkatt. El prefijo *skog* significa bosque. También se denomina Skaukatt, teniendo el mismo significado este prefijo en otro dialecto de su lengua materna.

Estos gatos eran utilizados para la caza de los roedores que diezmaban las cosechas. Debido a sus dotes como cazadores, también acompañaban a los vikingos en sus largas travesías para eliminar los roedores de las bodegas de los barcos. De esta manera, y por la gran afición de los noruegos para conocer otras tierras, muchos de estos gatos se quedaron en los lugares ocupados por ellos, y así consiguieron rápidamente su difusión llegando incluso a las costas americanas. Los vikingos introdujeron esta raza en Noruega, pero hay teorías que defienden que el Bosque de Noruega puede proceder de los antiguos gatos turcos y fueron adoptados por los navegantes noruegos debido a sus dotes como cazador.

A pesar de tener esta raza unos orígenes tan remotos, no consiguió su reconocimiento hasta el año

Capas monocolor

Son todos aquellos ejemplares que presentan un solo color en su manto, no admitiéndose la presencia de ningún otro color; el gen «no agoutí» es el responsable de estas capas. Los colores admitidos para el Bosque de Noruega en sus capas monocromáticas son: negro, rojo, ámbar, silver, ámbar light, azul dilución del negro, crema, que es una dilución del rojo, y el blanco.

Orejas de tamaño mediano a grande, separadas entre sí adquiriendo una posición lateralizada. Tienen la particularidad de estar cubiertas por pelo denominado «pincel de lince».

Cabeza con forma triangular y con perfil recto. Su región nasal es estrecha y alargada.

Ojos de forma almendrada y ligeramente oblicuos, grandes y nunca prominentes ni hundidos. Los colores no tienen que guardar relación con la capa del manto.

Cola con una longitud considerable, que cubre la zona nasal cuando el gato descansa enroscado; toda ella está cubierta de abundante pelo largo.

Pies redondos y anchos repletos de pelos interdigitales y en la región plantar para facilitar la circulación por hielo o nieve.

Origen: Noruega	
Tipo: grande y de pelo semilargo	
Peso: entre 3 y 9 kg	
Manto: doble. La capa externa está formada por pelo de longitud media-larga; la interna está compuesta de abundante lanilla	
Capa: están permitidas todas las capas y distintos patrones de distribución del color; las únicas capas no admitidas son: lila, chocolate, colorpoint y canela	
Vida: alrededor de 14 o 16 años	
Carácter: inteligente, activo en el exterior y tranquilo en el interior, curioso, cariñoso	
Mantenimiento del manto: cepillados semanales, mucho más frecuentes en la época de muda	
Alimentación: alimento seco adaptado a los felinos, con un 30% de proteínas, siempre a demanda del animal	
Cuidados especiales: administrar malta de manera regular para evitar formación de bolas de pelo	
Enfermedades asociadas: raza muy rústica y resistente que no presenta patologías asociadas	

1930, y su estándar no fue fijado hasta el año 1972.

ANATOMÍA

Su aspecto es el de un gato de tamaño grande y con una constitución fuerte y robusta. Todo su cuerpo está cubierto por un abundante manto, a excepción de la región facial, que le confiere un aspecto potente a la par que elegante, majestuoso y señorial; la forma de su cuerpo es alargada, con fuerte osamenta y musculatura bien desarrollada.

Sus extremidades son largas pero proporcionadas con el tamaño del cuerpo; están recubiertas de pelo largo a excepción de las partes distales de las mismas, en las que la longitud del pelo es más corta. Están conformadas por una fuerte osamenta y musculatura para facilitarles los movimientos por la nieve y el hielo; en la zona plantar poseen abundantes mechones de pelo largo situados entre los espacios interdigitales que también facilitan esta tarea.

El gen que determina que un gato blanco lo sea en su totalidad es el denominado «gen w», que actúa enmascarando el color y el patrón del manto.

La cabeza del Bosque de Noruega tiene un aspecto hermoso y recuerda mucho a la del lince en determinadas capas. La región facial está cubierta de pelo corto que nos permite observar los ojos y su mirada con una expresión dulce y en otras ocasiones alerta. Los colores habituales de sus ojos son el verde, el dorado o el cobrizo; también tiene la particularidad de poseer pequeños mechones de pelo lanoso que cubren parte del pabellón auricular para protegerlos

Este gato Bosque de Noruega de color negro presenta un manto uniforme y el color de la nariz y las almohadillas armoniza con el manto.

del frío y el viento. Alrededor de su cuello tiene una abundante gorguera en la que la longitud del manto es mayor, formando un collar que desciende por la parte anterior del pecho.

El rasgo más característico de esta raza es su manto, que forma una capa gruesa y esponjosa debido a la densa lanilla interna que mantiene acolchado el manto externo, dando a este gato la sensación de mayor volumen; durante la época de muda, que suele ser en primavera, pierde gran

cantidad de este manto interno y parece adelgazar. El pelo de la capa externa es de longitud media y al tacto es muy suave y de aspecto brillante; es impermeable para protegerlo de las condiciones climatológicas de su país de origen.

CUIDADOS

A pesar de su abundante manto, no es una raza que requiera muchos cuidados para mantenerlo; basta con cepillar su pelaje una vez a la semana para conseguir que luzca en todo su esplendor. En la primavera, cuando

Esta raza se caracteriza por ser un gran cazador, pero presenta la particularidad de ser también un excelente pescador, siendo capaz de desarrollar esta actividad en lagos, orillas de ríos o pequeños estanques.

Ejemplar mackerel silver o tabby bicolor en el que sí podemos emplear el término silver por tratarse de un atigrado.

Capas bicolores

Denominamos capa bicolor cuando en el mismo ejemplar aparecen dos colores, siendo uno de ellos siempre el blanco. Dependiendo del porcentaje de color blanco nos encontramos distintas capas:

1) **Van:** presentan blanco en un 75% de su superficie; el color (puede ser cualquiera, incluidos los tabby) se sitúa en cola y orejas.

2) **Arlequín:** el blanco ocupa entre el 50 y el 75% y el otro color forma pequeños parches.

3) **Bicolor estricto:** el blanco ocupa entre el 25 y el 50%, siendo ocupado el resto por cualquier otro color, incluido el patrón tabby.

Capas tricolores

Es cuando en el manto aparecen distribuidos tres colores diferentes. En este caso siempre son hembras los ejemplares que lo presentan y en el caso excepcional en que el portador de la capa sea un macho, este individuo sería estéril. Entre los mantos tricolores encontramos:

1) **Black tortie:** manto de color negro con salpicaduras en color crema y rojo.

2) **Blue tortie:** manto de color gris con salpicaduras en color crema en varios tonos.

3) **Calicó:** son las capas tortugas cuado se incorpora el color blanco en el manto.

sucede la muda, suelta prácticamente la totalidad de la lanilla interna; es entonces cuando debemos insistir en el cepillado cuidadoso para eliminar toda esta capa de pelo muerto, para facilitar que la piel respire al retirar los pelos desprendidos y también evitaremos que el animal, al lamerse, ingiera gran cantidad de pelos sueltos y se formen en el interior del intestino bolas de pelo. Esto también se evita dando malta, con la que no se acumulan ni forman una obstrucción intestinal. Debemos tener mucho cuidado cuando

realicemos el cepillado de los pelos largos de la cola; en este caso debemos limitarnos a cepillar a contra pelo para evitar arrancarlos debido a que su crecimiento es muy lento y tardan mucho tiempo en recuperarlos.

CARÁCTER

En cuanto a su carácter, se trata de una raza dotada de una gran amabilidad con las personas y otros animales domésticos. Esta raza posee una enorme curiosidad y ganas de jugar, por lo que es fácil

que pueda soportar la soledad durante unas horas si lo dejamos solo en el hogar. No maullarán cuando se encuentren solos. Debido a sus acolchados pies, son muy silenciosos al caminar, por lo que son ideales como mascotas de apartamentos.

Debido a que son muy pacientes, son de las pocas razas felinas que pueden tolerar el comportamiento de los niños. El Bosque de Noruega es una raza con un alto grado de inteligencia y la emplea en saber controlar el tiempo, las costumbres

Nariz y almohadillas sonrosadas en este ejemplar de Bosque de Noruega calicó.

Bosque de Noruega con capa silver tabby classic o mackerel; la parte coloreada corresponde a un patrón tabby.

Hembra de Bosque de Noruega con la capa calicó, resultado de la combinación de tortuga y blanco, por lo que se trata de un ejemplar tricolor.

Es una de las pocas razas de gatos que pueden tolerar los juegos de los más pequeños de la casa.

de la familia, los horarios, etc., adelantándose a nuestros actos por el mero hecho de la observación del entorno.

También es una raza que se comporta en el interior de forma equilibrada y tranquila, dejando para el mundo exterior la criatura salvaje que lleva dentro. Fuera disfruta observando las presas y cazando a la menor oportunidad que se le presente o con su particular habilidad para la pesca

por sus garras curvadas y la impermeabilidad de su manto.

Debido a que es una raza que madura muy lentamente, resulta muy adecuada para las personas que nunca han compartido su vida con un felino. Como tarda tanto en alcanzar la madurez, aproximadamente unos cinco años, tenemos mucho tiempo para poder enseñarle las reglas de la casa, ya que debido a todas las cualidades que posee esta tarea no es ni mucho

Un Bosque de Noruega con una capa bicolor crema y blanco. Empleamos el término bicolor porque el color blanco ocupa entre el 25 y el 50% de su superficie.

Cachorro hembra de Bosque de Noruega mostrando una capa poco frecuente denominada blue tortie.

Ejemplar calicó o mariposa: se trata de un manto tricolor tortuga cuando se incorpora el color blanco.

menos complicada y es una delicia compartir parte de nuestra vida con algún ejemplar de esta excepcional raza.

ALIMENTACIÓN

Los cuidados para el correcto mantenimiento de esta raza se limitan a una alimentación con piensos adecuados para felinos en los que la proporción de proteína debe rondar el 30% en el caso de tratarse de un animal adulto, y también el porcentaje adecuado de vitamina A y taurina. No nos debemos preocupar debido a que la mayoría de los piensos en la actualidad están equilibrados y aportan todos los nutrientes necesarios para la correcta alimentación de nuestra mascota.

Por lo demás el gato Bosque de Noruega no presenta enfermedades asociadas a su raza y es muy robusto, con una salud de hierro en general.

Un gato Bosque de Noruega con el manto bicolor negro y blanco.

Patrones

Tabby: el patrón tabby está regulado por la presencia del «gen agoutí». La presencia de este gen determina el color degradado en la longitud del pelo; de esta manera se presentan distintas tonalidades en las puntas y las raíces, y se forman diferentes motivos que se denominan patrones. Tipos:

- **Tabby sin determinar:** no se puede determinar el dibujo que presenta el patrón; este solo se presenta en los gatos con capa van y arlequín.
- **Tabby blotched o classic:** se forman dibujos en los flancos similares a los de las alas de las mariposas.
- **Tabby mackerel o atigrado:** el patrón sigue las líneas de estos grandes felinos.
- **Tabby spotted:** presenta un moteado similar al ocelote.
- **Tabby ticket:** el dibujo presenta un punteado difuminado.

Tipping (tipped): solo la punta (tip) del pelo es de color; la base es clara o despigmentada. Puede ser:

- **Smoke** (humo): con base plateada y 2/3 coloreado.
- **Shell:** está coloreada únicamente 1/8 del pelo en su punta.
- **Shaded** (sombreado): solo está coloreado el pelo en 1/3 en la zona de la punta.

Este espectacular ejemplar de capa atigrada nos muestra los abundantes mechones que cubren sus pabellones auriculares. También podemos apreciar la belleza de sus ojos de color verde esmeralda.

La Perm

El origen de esta raza se remonta al año 1982 en el estado de Oregón, en Estados Unidos: una gata tuvo una camada de gatitos y uno de ellos presentaba la particularidad de haber nacido con la piel desnuda, pero al cabo de unos dos meses su piel se cubrió totalmente de un pelaje rizado y sedoso. Dada la peculiaridad del manto y la falta de control de los nacimientos, con el paso del tiempo la población felina con este particular pelaje aumentó en el rancho y fueron los ancestros de la actual raza denominada Dalles la Perm. Esta raza es por tanto el resultado de una mutación genética natural debida a un gen de carácter dominante que produce el extraño rizo del pelaje.

Durante los años posteriores se estudió el comportamiento de este gen y se llegó a la conclusión de que es portado de igual manera tanto por los ejemplares machos como las hembras. Debido a la escasez de ejemplares de La Perm se permite

Manto

Como hemos visto anteriormente, esta raza presenta la particularidad de tener un pelaje rizado en diversos lugares de su cuerpo. La naturaleza y distribución de los rizos es totalmente aleatoria.

Podemos encontrar dos tipos de longitud:

- **Longitud LP:** significa que la longitud del pelaje puede ser de media a larga. Tanto los machos como las hembras pueden presentar gorguera en la madurez; la cola es plumosa con algunos rizos en el extremo. Con lanilla interna abundante.

- **Longitud LS:** manto de longitud corta a media. La cola no es plumosa y presenta un pelaje ondulado que se denomina cepillo de botella. Tiene lanilla interna escasa o moderada.

El pelo puede ser suelto o inflado, separado del cuerpo, por lo que permite introducir los dedos entre el pelaje y se levanta con un soplido, de aspecto elástico, suave y brillante; el rizo suele estar más cerrado y más largo en la gorguera y en la base de las orejas. También puede presentar los denominados pinceles de lince.

Orejas situadas de tal manera que continúan la cuña de la cabeza, de tamaño mediano, con forma acampanada y muy ahuecadas.

Ojos de tamaño mediano a grandes, ligeramente oblicuos, con forma almendrada en reposo y redondeados en estado de alerta.

Se permite cierta papada en los ejemplares maduros.

Cabeza en forma de cuña, un poco redondeada con contornos suaves.

Barbilla fuerte y firme y siempre en línea con la nariz, que es ancha y recta.

Origen: Estados Unidos	
Tipo: medio	
Peso: entre 3,5 y 5,5 kg	
Manto: doble. El externo es rizado en determinadas partes del cuerpo; también rizados los bigotes y cejas. Puede presentar la variedad de pelo corto y la de semilargo	
Capa: todos los colores y patrones	
Vida: alrededor de 14 años	
Carácter: activos, juguetones, necesitan compañía	
Mantenimiento del manto: cepillados espaciados cada tres o cuatro días	
Alimentación: alimento seco equilibrado de alta gama	
Cuidados especiales: malta en época de muda	
Enfermedades asociadas: son robustos, pero dependiendo de con qué raza se crucen pueden presentar enfermedades asociadas de la misma	

En esta raza se produce un hecho muy curioso y es que al menos una vez en su vida estos gatos pierden totalmente su pelaje, pero lo vuelven a recuperar.

el cruce con razas ya establecidas para conseguir un número de ejemplares suficientes que impidan la endogamia.

MORFOLOGÍA

Su cuerpo es de una talla mediana, pero posee una gran envergadura; su osamenta es media pero está dotado de una fuerte musculatura; su cuello es mediano y de porte alto. Las extremidades son de una longitud media y resultan ser más cortas las anteriores que las posteriores, con osamenta media y dotadas de buena musculatura y con pies redondos; todas las partes de su cuerpo están perfectamente proporcionadas, por lo que el resultado de su conjunto es armónico.

Todo su cuerpo está cubierto por un pelaje rizado que puede variar entre los distintos ejemplares. Los bigotes deben ser largos y rizados, al

Ejemplo de capa red tabby. En el gato de raza La Perm no tiene que armonizar el color de los ojos con el del manto. Se puede observar claramente la marca M sobre la frente y los anillos en las extremidades que indican que su manto sigue el patrón tabby.

Colores

En cuanto a los colores que puede presentar en su capa, se admiten todas las coloraciones, debido a sus cruces con otras razas. Podemos por tanto encontrar las siguientes capas:

Monocolores: un color único y uniforme en toda la superficie corporal y en cada uno de sus pelos, no admitiéndose ninguna otra coloración.

Bicolores: cualquier coloración que se presente con el color blanco de fondo. Dependiendo del porcentaje de blanco en la superficie corporal podemos encontrar: el van, el arlequín y el bicolor estricto.

igual que las cejas en las bases de las orejas.

CUIDADOS

Es una raza que no presenta graves problemas asociados al ser en origen de granja. Por este motivo son robustos y resistentes; el problema se puede producir cuando se cruzan con otras razas, y en este caso es posible que hereden las enfermedades genéticas de las mismas.

El cuidado de su manto es bastante sencillo: se reducirá a cepillados espaciados debido a que no es una raza que pierda mucho pelo por ser este rizado. No está de más administrar preparados de malta para facilitar el tránsito intestinal y evitar la formación de tricobezoares. También es importante desparasitarlo de

manera regular contra ectoparásitos y endoparásitos, sobre todo en aquellos ejemplares que salgan al exterior y tengan la posibilidad de poder cazar pequeños roedores o pájaros.

ALIMENTACIÓN

Como todos los felinos, necesitan un alimento específico que tenga la cantidad de proteína elevada, alrededor de un 30 a un 32% en los ejemplares adultos. Esto es importante para poder favorecer el mantenimiento de su musculatura; el alimento de elección deberá ser siempre seco correctamente equilibrado y no debemos olvidar que siempre ha de tener agua limpia y fresca a su disposición; de vez en cuando se le pueden ofertar alimentos húmedos como patés o latas adecuadas a su especie, pero

Los cachorros nacen con la piel desnuda, con unas líneas sobre ella que indica los lugares donde crecerá el pelo rizado.

Gatita con la capa calicó, que significa tortuga con blanco. Observamos la abundante gorguera de esta raza en la variedad pelo semilargo (LP).

siempre como complemento de la alimentación básica.

CARÁCTER

Son muy activos y bastante juguetones, pudiendo pasar horas entretenidos con cualquier objeto. Su deporte favorito consiste en introducir sus garras en cajas con pequeños orificios hasta conseguir sacar la hipotética presa.

Derrochan ternura y no se cansarán jamás de recibir mimos. En algunos momentos puede renacer el gato callejero que llevan dentro y tendrán momentos de independencia, se retirarán de manera discreta a su rincón favorito y dejarán que pase el tiempo.

Sienten adoración por su propietario y lo demostrarán constantemente frotando sus bigotes por las piernas. Adoran la

El singular rizo de la raza La Perm surgió por una mutación natural provocada por un gen de carácter dominante que consiguió imponerse.

compañía humana y lo manifiestan siguiendo a su propietario constantemente.

Debido a su origen como gato de granja son excelentes cazadores y por este motivo son extrovertidos, curiosos y silenciosos, teniendo un maullido muy suave.

Los ojos de los gatos de esta raza parece que siempre están alerta y son ligeramente oblicuos.

Patrones

Igual que sucede con los colores, puede admitir todo tipo de patrones, debido a sus cruces con otras razas. Podemos encontrar:

Tortie o tortuga: resultado de la mezcla de colores que cubren todo el cuerpo. Es un patrón ligado al sexo que solo tienen las hembras.

Calicó: se produce cuando el patrón tortie es combinado con el color blanco (tricolor). Este término se emplea en Estados Unidos.

Tabby: es una de las capas más antiguas de los felinos. Pueden mostrar diferentes dibujos dependiendo de la coloración de cada pelo.

Tipping (tipped): solo la punta (tip) del pelo es de color; la base es clara o despigmentada.

Colorpoint: es conocido como patrón siamés. El cuerpo tiene una coloración más clara que los denominados «point» (cara, orejas, cola y extremidades).

Tortie-tabby o torbie: son gatos tabby con capa tortie, bien definidos y no mezclados.

Maine Coon

Es una de las primeras razas originarias de Estados Unidos, concretamente del estado de Maine, del que recibe su nombre. Existen distintas teorías sobre el origen del Maine Coon, pero algunas de ellas son realmente absurdas, como la que circula entre los granjeros, que defiende que el Maine es el resultado del cruce entre gatos domésticos y mapaches o gatos monteses. Otra teoría es la que defiende que esta raza desciende de gatos rusos y de Angora que llegaron en barco a Nueva Inglaterra y una vez allí se cruzaron con gatos domésticos europeos y migraron hasta llegar al estado de Maine.

La teoría que cuenta con más adeptos y tiene mayor firmeza es la que alega que fueron introducidos por los vikingos en Estados Unidos, y de ahí su gran parecido con el Bosque de Noruega.

El Maine Coon es la raza más grande reconocida por la CFA y por este motivo también recibe el nombre de «Gato Goliat», pero a pesar de su gran tamaño y aspecto salvaje, es una raza con un carácter muy sociable y que ha ganado

Cabeza de tamaño medio y con contornos angulosos, con pómulos altos y prominentes y frente ligeramente abombada.

Orejas grandes y anchas en la base, moderadamente puntiagudas y con pinceles de lince en sus extremos.

Ojos grandes y separados, ligeramente ovalados pero parecen redondos cuando están bien abiertos.

Cuerpo alargado de forma rectangular, con extremidades fuertes y musculosas.

Cola muy larga y recubierta de abundante pelo largo, semejante a un plumero.

Manto

El pelo es grueso y afelpado debido a la lanilla interna. Está adaptado a todas las estaciones del año mediante la muda de la subcapa lanosa, por eso puede presentar aspectos totalmente distintos dependiendo de la época del año en la que nos encontremos. Puede presentar diferente longitud dependiendo de la región anatómica que cubra, siendo corto en la cabeza, en la región facial y en parte distal de extremidades, y largo en lomo, vientre, collar o gorguera y en las calzas o pantalones; también tiene mechones abundantes en los espacios interdigitales y en las puntas de las orejas es deseable que presente los denominados «pinceles de lince».

muchos adeptos como animal de compañía.

MORFOLOGÍA

Es una raza que destaca por sus grandes dimensiones y por la fortaleza que transmite su silueta. Su cuerpo es de forma rectangular con un pecho ancho y profundo, y con un esqueleto potente y muy musculado; sus extremidades son largas y también muy musculosas y acabadas en pies grandes con abundante mechones en los

Una teoría afirma que esta raza fue llevada a Estados Unidos por los vikingos y que por eso se parece tanto al gato Bosque de Noruega.

espacios interdigitales. Su cabeza es mediana respecto al tamaño del cuerpo; tiene contornos angulosos y el hocico es de forma cuadrada, de color oscuro y con nariz mediana. Lo más llamativo de esta raza son sus espectaculares ojos, con una mirada impactante y característica que se asemeja a la de un felino

El Maine es una de las razas que mejor tolera a los niños gracias a su carácter dócil, afectuoso y paciente.

Este Maine Coon blanco transmite la fuerza de todos los gatos de esta raza.

Origen:	Estados Unidos
Tipo:	grande
Peso:	de 4 a 14 kg
Manto:	doble, semilargo, grueso y afelpado; el interno es lanoso
Capa:	todos los colores a excepción del colorpoint, chocolate, canela, lila y fawn
Vida:	ronda los 15 años
Carácter:	muy activo, dócil, inteligente, curioso, cariñoso
Mantenimiento del manto:	cepillados espaciados cada tres o cuatro días, teniendo la particularidad de no formar nudos
Alimentación:	alimento seco equilibrado de alta gama
Cuidados especiales:	malta en época de muda, evitar obesidad
Enfermedades asociadas:	displasia de cadera, atrofia muscular, enfermedad poliquística renal y cardiomiopatía hipertrófica

Magnífico ejemplar de esta raza con capa brown tabby blotched y blanco.

longitud media o semilargo que cubre todo su cuerpo, que le da un porte majestuoso y singular a este excepcional felino y le confiere un aspecto semejante al de un animal salvaje.

El stop pronunciado de esta raza es una de las características que lo diferencian del Bosque de Noruega que carece totalmente de él, y del Bosque de Siberia, que tiene un ligero stop mucho más suave y curvado; también es importante

saber que en el Maine Coon los denominados «pinceles de lince» en los extremos de sus orejas son deseables, mientras que en los gatos pertenecientes a la raza Bosque de Noruega son absolutamente obligatorios en todos los ejemplares.

CUIDADOS

Para el mantenimiento correcto de su manto será suficiente con cepillados cada dos o tres días puesto que no forma nudos ni se enreda fácilmente debido a que tiene un pelaje abundante pero muy fino. Debemos administrarle malta de

salvaje. Suelen tener colores claros e incluso dispares, no teniendo que armonizar con el color del manto. Su cola es de las más largas de la especie felina doméstica.

Lo más característico del Maine Coon es su espectacular manto de

Ejemplar cream tabby. Sus pómulos prominentes y la frente abombada marcan la estructura craneal del Maine Coon.

Gracias a las dotes de gran cazador, consiguió ser aceptado en las granjas y rápidamente, y por su carácter, fue adoptado como animal de compañía.

Ejemplar negro con matices rojos de ojos ámbar.

Cachorro con capa arlequín; podemos apreciar que su estructura corporal y su manto no están totalmente desarrollados.

forma regular para evitar la formación de bola de pelo, sobre todo en época de muda y en aquellos ejemplares que no tengan acceso al mundo exterior debido a que no tienen la posibilidad de ingerir hierbas que impiden la formación y compactación de los pelos ingeridos.

Hay que tener en cuenta que este animal cuando vive en el interior puede tener tendencia a la obesidad, que puede afectar y sobrecargar sus

Esta raza tan activa puede llegar a pesar 14 kg, por lo que la alimentación debe ser equilibrada y acorde con sus características.

Ejemplar azul. Los llamados «pinceles de lince» de las orejas son deseables en esta raza pero no obligatorios. Este ejemplar sí tiene los característicos mechones que salen de las orejas.

Monocolores y bicolores

En cuanto a los colores que puede presentar en su capa, se admiten todas las coloraciones y patrones, a excepción del patrón siamés (colorpoint), chocolate, canela, lila y fawn. Podemos por tanto encontrar las siguientes capas:

Monocolores: un color único y uniforme en toda la superficie corporal y en cada uno de sus pelos, no admitiéndose ninguna otra coloración.

Bicolores: cualquier coloración que se presente con el color blanco de fondo. Dependiendo del porcentaje de blanco en la superficie corporal, podemos encontrar:

- **Van:** más del 75% es de color blanco, teniendo otro color o patrón en las orejas y la cola, pudiendo tener alguna mancha pequeña en el cuerpo, pero no es recomendable.

- **Arlequín:** el porcentaje de color blanco está comprendido entre el 50 o el 75% de su cuerpo; el resto está manchado de cualquier otro patrón o color, que estará distribuido en cabeza, cola y pequeñas manchas en el cuerpo

  - **Bicolor:** significa que entre el 25 y el 50% es blanco; el otro color ocupa una mancha uniforme por el resto del cuerpo. Normalmente quedan blancas la parte ventral y las extremidades.

El Maine Coon disfruta tanto de la compañía humana como de otras mascotas que vivan en el mismo hogar.

enfermedades asociadas como son la cardiomiopatía hipertrófica, heredada por un gen de carácter dominante; la enfermedad poliquística renal, que se evitará eliminando de las líneas reproductivas los ejemplares afectados, y también puede padecer atrofia muscular. Por lo demás se trata de una raza muy resistente y robusta que goza de gran salud en

general. Simplemente debemos vacunar siguiendo las pautas de la zona en la que habitemos y desparasitarla contra parásitos externos e internos de manera regular.

CARÁCTER

Se trata de una raza que se caracteriza por su bondad, sociabilidad y adaptabilidad a todo tipo de ambientes y situaciones. Por todo ello el Maine Coon es la segunda raza elegida en Estados

articulaciones; por este motivo debemos incentivar el juego para evitar la artrosis y conseguir el buen funcionamiento de sus articulaciones. En esta raza se pueden encontrar

El aspecto general de la raza Maine Coon es de fortaleza y resistencia debido a su estructura corporal general. Abajo, ejemplar bicolor.

Ejemplar brown mackerel tabby. Tiene la tendencia de utilizar sus manos para comer. También tiende a mojar sus juguetes en el agua, y por este motivo se le llama «racoon», que significa mapache.

Espectacular ejemplar de esta raza en el que podemos comprobar las dos características fundamentales que definen al Maine Coon, que son su mirada y la belleza de su manto.

Detalle de la espectacular cabeza de un Maine brown tabby o tabby marrón, que exhibe los característicos pinceles de lince en el extremo de sus orejas.

Unidos como animal de compañía y compite directamente con los gatos Persas consiguiendo resultados excepcionales.

Es una raza perfecta para vivir en el interior, pero también disfruta enormemente de la naturaleza pudiendo soportar cualquier climatología extrema debido a su manto totalmente aislante. Y tiene la particularidad de mudar para adaptarse a los cambios.

Muy inteligente, equilibrado, activo, curioso y comunicativo, es un gato que transmite y expresa sus sentimientos y necesidades mediante un particular maullido que sabe modular pareciendo llegar a vocalizar como si del lenguaje humano se tratara.

Afectuoso y leal, le encantan los mimos y las caricias, pero no es pegajoso ni insistente en este

Ejemplar con capa red tabby o atigrado rojo en el que podemos observar la característica M sobre los ojos y los diferentes anillos en sus extremidades.

A pesar de su gran tamaño y su aspecto de animal salvaje, el Maine Coon guarda en su interior cualidades tales como la dulzura, la amabilidad y la fidelidad.

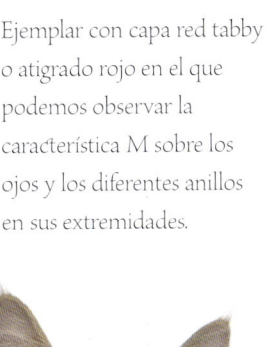

Para mantener la capa de grasa que hace impermeable su manto, es bueno proporcionarle de vez en cuando alimento húmedo, como latas y patés específicos de gatos.

Gatita con la capa denominada calicó en Estados Unidos, que es el resultado de la combinación de tortuga con el color blanco (tricolor).

aspecto. Disfruta de la compañía humana y de otras mascotas siendo habitual que siga permanentemente a su propietario por la casa, por lo que es muy adecuado para propietarios primerizos.

En algunos momentos puede demostrar cierta independencia y nos lo demostrará retirándose de manera discreta a su lugar de descanso, donde reposará hasta que lo considere necesario y cuando regrese será de nuevo nuestro maravilloso compañero, paciente, discreto, fiel y afectuoso.

ALIMENTACIÓN

Es una raza de gran tamaño que puede llegar a pesar 14 kg. Si a esto le sumamos su carácter activo, necesitará una alimentación que le aporte todos los nutrientes necesarios para su correcto

Ejemplar calicó. Este gato tan expresivo es capaz de emitir un maullido que en ocasiones parece tratarse de un ser humano.

Gato silver blotched tabby. Como sucede con otras muchas razas, conviene darle malta durante la época de muda y evitar la formación de bolas de pelo que obstruyan el intestino.

Disfruta de la compañía humana, pero en algunos momentos prefiere algo de intimidad y lo da a entender retirándose a su lugar de descanso, como este silver tabby.

mantenimiento, por lo que debemos recurrir a piensos equilibrados con altos porcentajes de proteínas que nos garanticen una correcta alimentación.

También debemos tener en cuenta que el Maine Coon es una raza que crece muy lentamente, no alcanzando su tamaño máximo hasta los cuatro años de edad, por lo que deberá tomar piensos de alta energía (mayor porcentaje de proteínas y minerales) hasta que tenga conformado su cuerpo de adulto.

Agradece que en momentos puntuales le ofrezcamos alimentos húmedos (latas, patés, queso, etc.) que él considerará una auténtica golosina y serán beneficiosos porque el porcentaje de grasas de estos productos es más elevado; de esta manera cubriremos dos objetivos: el primero será recompensar su carácter entrañable y el segundo será colaborar en el mantenimiento de la capa oleosa que hace impermeable su pelaje.

Patrones

Tabby: podemos encontrar diferentes dibujos dependiendo de la coloración de cada pelo:

- **Tabby blotched o classic:** dibujos similares a alas de mariposa sobre los flancos.
- **Tabby mackerel o tigre:** con las características líneas atigradas.

Tortie: se trata de un color uniforme que forma la base y otro color que salpica sobre el anterior. Esta capa la presentan exclusivamente los ejemplares hembras y se denominan dependiendo del color base del manto, como negro, azul o marrón.

Torbie: mezcla de tortie con dibujo tabby, también es una capa que pertenece exclusivamente a ejemplares hembras.

Calicó: en Estados Unidos se denomina de esta manera a los ejemplares de capa tortie cuando también llevan color blanco (tricolores). En otros lugares de habla hispana esta capa también es conocida como mariposa.

Las manchas que presentan sobre el blanco pueden ser de un solo color o pueden tener cualquier patrón descrito.

Los ojos cambian en cada ejemplar porque su color combina con el del manto.

Maine Coon brown mackerel tabby que nos muestra la espectacular cola repleta de espeso pelaje, semejante a un plumero.

Ragamuffin

El gato de raza Ragamuffin se creó de forma accidental. Una criadora residente en California rescató una gata que había perdido; al poco tiempo parió una camada fruto de un cruce no deseado con algún gato callejero, y el resultado fueron unos cachorros con un especial carácter, excesivamente cariñosos que se comportaban con una gran dulzura. Por este motivo se realizaron cruces entre ellos y de esta manera surgió la raza Ragamuffin, que se mantiene al margen de sus ancestros, los Ragdoll.

MORFOLOGÍA

Son gatos muy grandes, muy musculosos y de aspecto pesado. Su cuerpo tiene una osamenta muy ancha, con pecho amplio y de formas redondeadas. Sus hombros y caderas son muy amplios y el lomo es ancho y robusto con fuerte musculatura. Sus extremidades, de tamaño mediano, con fuerte osamenta acompañada de poderosa musculatura, siendo más altas las posteriores que las anteriores. Sus pies son grandes y redondeados, con almohadillas grasas. Su pelaje es de longitud media a larga y de textura muy sedosa.

Manto

El manto puede ser semilargo a largo, siendo de mayor longitud en los laterales de la cabeza, el collar y la parte posterior de las extremidades. La cola está abundantemente poblada y forma un plumero.

Está formado por un manto doble. La capa externa es de longitud media y al tacto siempre es suave. La capa interna es de igual longitud que la externa, por lo que tiene un aspecto esponjoso.

Se admiten todos los colores y patrones a excepción del canela y fawn. Se admiten los tabby, los sólidos con blanco (bicolores) y tabby con blanco. También todas las cantidades de blanco están permitidas.

Su cuerpo es poderoso y con extremidades robustas terminadas en pies grandes y con forma redondeada. Existe un gran dimorfismo sexual, siendo el macho de mayor tamaño.

Cabeza: en forma de cuña modificada, amplia, frente redondeada, hocico recto y afinado con nariz grande.

Orejas de tamaño mediano y con forma redondeada, con plumeros moderados en su interior.

Ojos de tamaño grande, con forma de nuez y muy expresivos. Su coloración suele ser verde, verde-amarillenta.

Cuello fuerte muy musculoso, siendo más evidente en los animales adultos.

Cola: es de longitud media y con abundante pelaje que le da aspecto de plumero.

CUIDADOS

Es una raza bastante dura, pero tiene un apetito voraz y por eso debemos tener cuidado con la obesidad. En esta raza es peligroso el sobrepeso debido a que puede repercutir en las articulaciones y son gatos propensos a la displasia de cadera.

Puede padecer problemas de estreñimiento, por lo que es adecuado de vez en cuando utilizar alimentos secos con gran contenido en fibra y también malta. El manto requiere cepillados dos veces por semana; tienen un abundante subpelo y conviene retirar todo el pelo muerto y evitar que lo ingiera al realizar su higiene cotidiana.

CARÁCTER

Es una de las razas más amables que existen, siendo extremadamente cariñoso. No le gusta la soledad prolongada, pero sabe esperar. No es muy activo, pero puede disfrutar

A pesar de su tamaño y envergadura, el Ragamuffin es una de las razas más dóciles y amables que existen.

jugando. Esto unido a su amabilidad y a que jamás saca las uñas hace de esta raza un compañero muy adecuado para los más pequeños.

ALIMENTACIÓN

Debemos utilizar siempre alimento seco equilibrado. Cuando notemos cierto estreñimiento, podemos utilizar uno rico en fibra. Es una raza capaz de hacer cualquier cosa por la comida, por este motivo suele ser propenso a sufrir sobrepeso, y debemos controlar la ración diaria para evitar este problema.

Origen: Estados Unidos	
Tipo: grande	
Peso: hembras entre 4 y 6 kg. Los machos entre 7 y 9 kg	
Manto: doble, de longitud media a larga; la capa interna de igual longitud	
Capa: se admiten todos los colores y patrones, excepto canela y cervato	
Vida: entre 10 y 14 años	
Carácter: extremadamente cariñoso, muy dócil	
Mantenimiento del manto: cepillados dos veces a la semana	
Alimentación: alimento seco equilibrado	
Cuidados especiales: cepillados regulares, administrar malta, vigilar la obesidad y las encías para evitar la gingivitis	
Enfermedades asociadas: displasia de cadera, estreñimiento y gingivitis	

Está permitido cualquier proporción de blanco. En este caso es un bicolor tabby en el que se pueden apreciar los abundantes pelos en los espacios interdigitales.

Ragdoll

Surgió en los años sesenta en California y es el resultado de una compleja serie de cruces de otras razas. En su formación intervinieron un gato perteneciente a la raza Persa de color blanco y un ejemplar Sagrado de Birmania de color foca; los cachorros resultantes fueron cruzados con Burmés sable y las crías resultantes recibieron el nombre de «Ragdoll», que significa muñeca de trapo. Recibe este nombre por la peculiaridad de esta raza de gatos de desmadejarse en el momento en que se encuentra en los brazos de sus propietarios.

En 1971 se creó en Estados Unidos la Asociación del Gato Ragdoll pero no tuvo ningún éxito y en poco tiempo se clausuró; donde realmente se consiguió el desarrollo de esta raza fue en Inglaterra, donde se adivinó el futuro prometedor de esta nueva raza y se importaron numerosos ejemplares desde Estados Unidos. En el año 1987 se creó el Círculo Inglés de la raza Radgoll, que sigue vigente en la actualidad. Por este

Orejas de tamaño mediano.

Ojos de tamaño grande, ligeramente ovalados y de color azul.

Cabeza grande, de forma triangular y contornos redondeados, con pómulos anchos y frente redondeada.

Hocico redondeado y no muy largo, con mentón muy desarrollado.

Cola robusta con abundante pelaje, espeso en la base y que se deshilacha en el extremo formando un penacho.

Manto

Puede ser largo o semilargo, de textura sedosa y suave, siendo más extenso en la zona del cuello (gorguera) y en el pecho. Se aceptan tres tipos: colorpoint (patrón siamés), bicolor y mitted (con guantes blancos), en colores como seal, azul, chocolate, rojo, lila y crema.

Origen: Estados Unidos	
Tipo: medio a grande	
Peso: entre 5 y 10 kg	
Manto: puede ser largo o semilargo, de textura sedosa y suave, siendo más largo en la zona de cuello y pecho	
Capa: se aceptan tres tipos: colorpoint, bicolor y mitted; los colores pueden ser seal, azul, chocolate, rojo, lila y crema	
Vida: entre 9 y 15 años	
Carácter: tranquilo, equilibrado y muy cariñoso	
Mantenimiento del manto: necesita cepillados frecuentes	
Alimentación: necesita alimento seco equilibrado especial para felinos domésticos	
Cuidados especiales: los habituales para gatos domésticos, como desparasitaciones y vacunaciones reglamentarias	
Enfermedades asociadas: raza con salud de hierro, pero puede heredar las enfermedades genéticas asociadas a las razas implicadas en su formación	

motivo existen actualmente dos variedades distintas de esta raza: la línea americana, que tiene mayor tamaño, y la línea inglesa, de proporciones algo más reducidas. Pero tenga la procedencia que tenga, es una de las razas de felinos domésticos más grandes que existen en la actualidad.

MORFOLOGÍA

Esta raza es de un tamaño que puede oscilar entre mediano a grande, con gran fortaleza ósea y muscular. Son muy compactos y el aspecto de su cuerpo es alargado, es decir, de forma rectangular, pudiendo llegar a alcanzar los 90 cm de longitud. En esta raza se presenta un gran dimorfismo sexual, lo que significa que existe una gran diferencia de tamaño entre el macho y la hembra, pudiendo llegar a pesar los machos los 10 kg y las hembras rondan los 5 kg. El cuello es corto y muy musculoso, con una cabeza de tamaño grande, triangular y con contornos redondeados; sus extremidades posteriores son ligeramente más largas que las

El manto de la raza Ragdoll tiene un aspecto suave y sedoso, pero para lograrlo hay que cepillarlo de forma habitual.

Ejemplar con patrón siamés o colorpoint. Debemos cepillar frecuentemente su abundante manto con cepillos de acero para impedir la formación de nudos o enredos.

A pesar de su gran tamaño, es una de las pocas razas de felinos domésticos que disfruta cuando está en los brazos de su propietario, relajando de tal manera sus músculos que da la sensación de ser una muñeca de trapo.

anteriores y su cola también es de gran longitud por lo que se consigue la armonía en sus formas.

CUIDADOS

Requiere los cuidados mínimos necesarios de cualquier raza de gatos: debemos desparasitarlo como mínimo cuatro veces al año, tanto para parásitos internos como para externos (pulgas y garrapatas). También debemos realizar las vacunaciones que nos recomienden los veterinarios, dependiendo del

Es un gato con un carácter muy equilibrado, pero para mantenerlo necesita vivir en un ambiente ordenado y calmado.

Gato colorpoint mitted o con guantes blancos. El Ragdoll, ya sea el de la línea americana o el de la línea inglesa, es uno de los gatos domésticos más grandes que existen.

El Ragdoll (o muñeca de trapo) es feliz cuando está tumbado y relajado, tanto que parece estar desmadejado.

lugar en el que residamos y la normativa existente.

Debido a su pelaje, es recomendable el cepillado regular para evitar que al lamerse ingiera pelos y se formen las temidas bolas de pelo al compactarse en el intestino; para colaborar y evitar la compactación de estos pelos ingeridos es recomendable suministrar preparados de malta o poner a su disposición hierba gatera.

Esta raza presenta ciertas enfermedades felinas asociadas a las razas que intervinieron en su formación, por lo que puede sufrir cierta predisposición a la cardiomiopatía hipertrófica, displasia de cadera, estreñimiento y gingivitis (inflamación de las encías), entre otras.

CARÁCTER

Es perfecto para el hogar porque es una raza tranquila y afectuosa. Es una de las razas felinas que mejor se

Ejemplares de patrón siamés y blanco en los que observamos el espectacular manto que tiene la variedad de pelo semilargo.

Los machos son más grandes que las hembras; esta característica se llama dimorfismo sexual y es habitual en muchas razas de gatos domésticos.

En su creación participaron un gato Persa blanco y un Sagrado de Birmania de color foca. El resultado fue esta hermosa raza de gatos.

Gracias a su carácter, es capaz de convivir sin problemas con otras mascotas en el mismo hogar.

adapta a todo tipo de entornos, tanto en el interior como en el exterior. A los gatos de esta raza les encanta recibir caricias y tienen la particularidad de que se quedan desmadejados cuando se encuentran entre los brazos de sus propietarios; por este motivo recibe el nombre de «muñeca de trapo» o Ragdoll. Es una raza que necesita orden y tranquilidad para conservar el carácter equilibrado que le caracteriza; en el caso de tener que sobrevivir en un hogar caótico perderá su carácter sereno y calmado y se convertirá en un ejemplar malhumorado y conflictivo.

Tiene la particular habilidad de transmitir y envolver el ambiente que le rodea de serenidad y sosiego, creando siempre con su simple presencia una atmósfera relajante,

El cuerpo de los gatos Ragdoll es especialmente alargado; se han registrado ejemplares de 90 cm de longitud. Esta raza necesita orden y tranquilidad para conservar su carácter equilibrado.

Ejemplar de la raza Radgoll bicolor blanco y negro con patrón van. Observamos mayor longitud del pelaje en el pecho y la cola.

La zona del cuello (o gorguera) y el pecho tienen el manto más largo que el resto del cuerpo.

por lo que también es conocido con el apelativo de «gato zen». Es casero por naturaleza, adora la compañía y no es una raza que soporte nada bien la soledad, por lo que no es adecuada para propietarios que pasen mucho tiempo fuera de casa.

ALIMENTACIÓN

Es una raza que no es nada exigente en cuanto a su alimentación, pero

Los ojos de la raza Ragdoll son siempre de color azul, grandes y ligeramente ovalados.

debemos tener en cuenta su tamaño y por tanto darle siempre alimento seco equilibrado que nos garantice las adecuadas proporciones de sus componentes y las concentraciones de minerales. Le suministraremos la ración diaria correcta para su perfecto mantenimiento.

Gingivitis, displasia de cadera, cardiomiopatía hipertrófica y estreñimiento son algunas de las enfermedades habituales, heredadas de los gatos que participaron en su formación.

Variedad con capa azul point, de coloración más diluida, con una mirada intensa.

Seal point, con color marrón oscuro en los puntos y un color beis muy claro en el resto del cuerpo.

Sagrado de Birmania

Descendiente de los gatos de los templos budistas de Birmania (actual Myanmar), siguen siendo venerados en su país de origen porque creen que es en estos animales donde se reencarnan los monjes cuando mueren.

Estos gatos precursores del actual gato Sagrado de Birmania llegaron a Occidente a principios del siglo XX, siendo reconocidos en Francia en el año 1925. Pero durante la Segunda Guerra Mundial esta raza, como tantas otras, estuvo al borde de la extinción debido al dramático momento histórico que atravesaba la humanidad. Afortunadamente y gracias al esfuerzo de algunos criadores volvió a resurgir con todo su esplendor en años posteriores.

Para conseguir la supervivencia de la raza fueron hibridados con gatos de raza Siamés y ejemplares de capa blanca de la raza Persa. Por este motivo los ejemplares resultantes de estos cruces consiguieron un pelaje largo y de textura suave. En el año 1950 fue rebautizado con el nombre de Gato

Manto

Es largo o semilargo dependiendo de la parte del cuerpo que cubra. Por ejemplo, en la zona del cuello tiene mayor longitud y en la parte final de la cola también es más abundante y largo formando un llamativo penacho; es ondulado en la zona del vientre y es corto en la región facial, con mayor densidad en las mejillas. El manto es doble; y la subcapa es de mayor densidad que la externa.

El color presenta el mismo patrón que el Siamés, siendo todas las variedades pertenecientes al colorpoint, teniendo zonas concretas con coloración más oscura que se denominan «point» y siempre ocupan la región facial (máscara), orejas, cola y partes distales de las extremidades; el resto del cuerpo tiene siempre una coloración más clara. El Sagrado de Birmania tiene siempre los pies de todas las extremidades de color blanco, denominándose guantes. Los cachorros nacen casi blancos y con el paso del tiempo van adquiriendo la tonalidad oscura de los puntos; algunos colores tardan más en desarrollarse.

En la parte posterior de las patas traseras los guantes, también denominados «espuelas», acaban en punta. Las espuelas ideales que debe presentar esta raza deben terminar en forma de V invertida extendiéndose hasta la mitad o tres cuartos del corvejón. Es importante que todos los guantes tengan igual longitud y muestren cierta simetría entre ellos.

Orejas más bien pequeñas con extremos redondeados, ligeramente inclinadas y separadas entre sí.

Cabeza ancha y robusta, de formas redondeadas, con fuerte osamenta y mejillas carnosas.

Ojos entre redondos y ovalados, cuyo color es siempre azul intenso.

Nariz de longitud media, sin stop y con barbilla firme.

Cola larga y robusta, delgada en la base, con abundante pelo formando un penacho en la punta.

Origen: Francia	
Tipo: medio	
Peso: de 3 a 6 kg	
Manto: doble. La capa externa es larga o semilarga, siendo la capa inferior más densa que la superior, de aspecto sedoso	
Capa: únicamente el patrón siamés, con la particularidad de tener siempre blancos los pies (guantes)	
Vida: entre 10 y 16 años	
Carácter: tranquilo, cariñoso, inteligente y muy adaptable	
Mantenimiento del manto: cepillados regulares	
Alimentación: alimento seco equilibrado especial para felinos domésticos	
Cuidados especiales: los habituales de todos los gatos	
Enfermedades asociadas: las heredadas de sus precursores, problemas oftalmológicos, neurológicos y posibles reacciones adversas a la anestesia	

Sagrado de Birmania para evitar que fuera confundido con el gato Burmés.

MORFOLOGÍA

Es una raza de tamaño medio con aspecto robusto y fuerte debido al buen desarrollo de su musculatura, pero nunca tiene que transmitir sensación de pesadez. Sus extremidades son cortas y firmes terminadas en pies redondeados, siendo de mayor longitud las posteriores; tiene cabeza de formas armoniosas adornada con espectaculares ojos de gran tamaño, siempre de color azul. Del Siamés ha heredado el singular patrón que caracteriza a esta raza, el denominado patrón colorpoint, que consiste en un tono oscuro que ocupa los denominados «point» en zonas fijas, orejas, cola, extremidades y región facial (máscara), mientras que el resto del cuerpo presenta una coloración más clara que la de los point. Lo único que diferencia

Tortuga point en el que se aprecia la mezcla de colores que aparecen en los puntos («point»).

al Sagrado de Birmania es la coloración blanca que cubre los pies de cada extremidad.

CUIDADOS

Debido a que durante su creación y posterior intento de salvaguardar a esta raza se recurrió con demasiada ligereza a la consaguinidad, y también a que aquellas razas con las que fue cruzado para su supervivencia pueden sufrir enfermedades asociadas, el gato de raza Sagrado de Birmania es

Sagrado de Birmania con capa seal point, en el que observamos el color tan oscuro de los «point» y los característicos guantes de color blanco.

La característica fundamental de esta raza son las manchas blancas que pigmentan todos sus pies y que son llamadas guantes; se trata de una excepción en el patrón siamés o colorpoint.

Monocolores

El color más común es el denominado seal, presentando una coloración marrón muy oscura en los puntos y el cuerpo con coloración marrón tirando a beis. El segundo color más común es el azul, que es una dilución del seal; muestra un color grisáceo en los «point» y el cuerpo con tonalidad beis o gris clara. Otras capas comunes son el chocolate y el lila, que son los tonos achocolatados del seal y el azul respectivamente, siendo el chocolate más claro que el seal, con una tonalidad marrón más cálida en los «point», tardando mucho en desarrollarse y con el color del cuerpo en beis muy claro. El lila tarda meses en desarrollarse, siendo el cuerpo de color prácticamente blanco y los «point» gris claro.

proclive a sufrir enfermedades de carácter hereditario; entre las más frecuentes se encuentran: cataratas y formación de quistes dermoides (pequeños crecimientos en la superficie corneal); problemas neurológicos; y en muchos casos tienen reacciones adversas a la anestesia.

Por la característica de su manto y la longitud de su pelaje también es una raza propensa a la formación de bolas de pelo, que se crean cuando el animal ingiere pelos al realizar su ritual de higiene diario. Estos pelos se compactan en el intestino y provocan graves problemas, y para evitarlo debemos administrarle preparados de malta que los desharán en el aparato digestivo.

CARÁCTER

Al estar emparentado con el Persa tiene un carácter tranquilo y poco activo, pero sí es capaz de jugar con los más pequeños de la casa demostrando gran paciencia y tolerancia hacia ellos.

Es una raza capaz de compartir su vida con otras mascotas y no presenta ningún problema de territorialidad ni de rivalidad. También es de los pocos felinos que tienen la particularidad de adaptarse fácilmente a cualquier tipo de ambiente e incluso de cambios.

En definitiva el gato de raza Sagrado de Birmania es un animal de carácter hogareño y muy sociable, siendo un gran apasionado de sus propietarios y amistoso con las

Ejemplar con capa lilac point, con puntos en color gris muy claro y el resto del cuerpo casi blanco. Esta capa tarda mucho en desarrollarse.

Red tabby point con las líneas características de los atigrados en los puntos. También se puede apreciar el color azul de los ojos del gato Sagrado de Birmania.

Adora la compañía humana y está muy apegado a su familia, por lo que no es una raza adecuada para propietarios que no están mucho tiempo en casa.

visitas, amable y con grandes deseos de agradar. Es muy fácil de educar y es un agradable animal de compañía.

ALIMENTACIÓN

No es nada exigente en lo referente a la alimentación, pero esto no debe justificar que le demos alimento de baja calidad. Como todos los felinos domésticos, requiere un alimento que cubra todas sus necesidades nutricionales, por este motivo debemos adquirir alimento seco de fórmula equilibrada que nos asegure la correcta ingesta de nutrientes en las proporciones adecuadas para nuestro animal de compañía; también debe tener garantizado siempre el fácil acceso a agua limpia y fresca.

Patrones

Tortie o tortuga: son Sagrados de Birmania que tienen dos colores mezclados en los «point». Esta capa solo se presenta en hembras y pueden ser, dependiendo de los colores del manto, tortie seal (seal y rojo), blue tortie (azul y crema), chocolate tortie (chocolate y rojo) y, por último, lilac tortie (lila y crema). La distribución de los dos colores es aleatoria.

Patrón tabby: presenta los «point» con rayas horizontales en extremidades y cola y la característica M sobre la frente. La nariz es de color rosado oscuro en lugar de pigmentado como en las capas de color sólido. Puede haber capas seal tabby, blue tabby, brown tabby, lilac tabby, red tabby, cream tabby, siendo estos dos últimos difíciles de identificar por no poderse distinguir bien las rayas.

Torbie: son tortie que además presentan el patrón tabby, pudiendo encontrar seal tortie tabby, blue tortie tabby, chocolate tortie tabby y lilac tortie tabby.

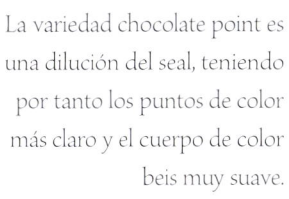

El Sagrado de Birmania tiene tendencia a mantener contacto visual con los ojos de su amo, y sus espectaculares pupilas azules siempre manifiestan afecto y ternura.

La variedad chocolate point es una dilución del seal, teniendo por tanto los puntos de color más claro y el cuerpo de color beis muy suave.

Selkirk Rex

El origen de esta raza fue casual y ocurrió en el año 1987, cuando una gatita callejera fue recogida y entregada a un refugio para animales vagabundos. Debido a la peculiaridad que presentaba su manto, totalmente rizado, llamó la atención de los empleados del centro y fue entregada en adopción a una criadora de gatos Persas para evitar su sacrificio; la criadora cruzó esta gata del pelaje rizado con un macho de raza Persa para comprobar si esta peculiaridad pudiera aparecer en alguno de sus descendientes; la obtención de esta raza no fue nada fácil ya que requirió muchos esfuerzos en la selección de los ejemplares adecuados para la cría y la posterior selección de los animales que reunían ciertas características morfológicas comunes, independientemente del pelo rizado, para poder configurar un estándar provisional. El primer ejemplar de esta raza llegó a Inglaterra en el año 2002 y en la actualidad está reconocido por las más importantes sociedades felinas de todo el mundo, que reconocen el estándar de esta raza tan nueva.

MORFOLOGÍA

El Selkirk Rex presenta un cuerpo grande, musculoso y con osamenta pesada que confiere a esta raza una apariencia de gran potencia. Su

Manto

Existen dos variedades en cuanto a la longitud del manto: la variedad de longitud media (SR) y la variedad semilargo (SL). En la variedad de pelo medio el que recubre la cola es de la misma longitud que el del manto, tiene doble capa y con rizos ondulados. La variedad de pelo largo tiene los rizos plumosos (más abundantes), con gorguera de mayor longitud. En ambas variedades los rizos son más prominentes en el cuello y en la cola; también presentan un rizo más cerrado en la zona denominada «silla de montar» que depende del clima, la estación del año y el sexo.

Su textura es suave y afelpada, muy denso y despegado del cuerpo; los rizos no están estructurados, sino que están dispuestos al azar y organizados en rizos sueltos, individuales o formando grupos, por lo que también existen pequeñas zonas calvas.

Se admiten todos los colores y patrones.

Cabeza redondeada, maciza, con cráneo ancho y mejillas muy desarrolladas.

Orejas de tamaño pequeño en proporción con la cabeza.

Ojos de tamaño grande y redondeados, separados entre sí. El color depende de la capa del manto.

Mentón fuerte con nariz corta, ancha y recta.

Cola de longitud media, gruesa y con la punta redondeada.

cuerpo es sólido pero no en exceso, con torso muy musculoso y de forma rectangular; la espalda es recta y la grupa ligeramente elevada; debe tener la misma anchura en los hombros y las caderas; sus extremidades son de longitud media y proporcionadas con el tamaño del cuerpo, con sustancial osamenta y pies grandes, redondos y firmes.

La característica fundamental de esta raza es su peculiar manto rizado que cubre todo su cuerpo y le da un aspecto muy similar al de las ovejas esquiladas; el responsable de este particular manto es un gen de carácter dominante.

Otra particularidad que presenta esta raza es que parece sonreír debido a que las almohadillas donde se implantan los bigotes están muy desarrolladas.

CUIDADOS

Debido a lo cerrado del rizo tenemos que vigilar y controlar la presencia de ectoparásitos mediante la aplicación de pipetas u otros productos que existen en el mercado; el mantenimiento de su peculiar manto rizado es complicado debido a que si utilizamos los peines o cepillos tradicionales, solo conseguiremos

Ejemplar blanco monocolor de la variedad de pelo corto Selkirk Rex, en el que apreciamos la punta redondeada de la cola.

Origen:	Estados Unidos
Tipo:	medio-grande
Peso:	4 a 9 kg
Manto:	doble. Capa externa densa, esponjosa y rizada; la interna tiene abundante lanilla
Capa:	todos los colores y patrones, incluidos los point
Vida:	alrededor de 15 años
Carácter:	muy cariñoso, paciente, activo
Mantenimiento del manto:	no cepillar para no desmoronar el rizo, es mejor pasar una gamuza
Alimentación:	alimento seco equilibrado
Cuidados especiales:	no requiere
Enfermedades asociadas:	únicamente las asociadas a las razas que intervinieron en su formación

Se diferencia con el Cornish Rex y el Devon Rex en que estos son de aspecto más delicado, mientras que el Selkirk Rex es más voluminoso y musculado. En este caso es un bicolor van.

Ejemplar azul. El gen que produce la mutación genética de pelo rizado es dominante, mientras que la que produce el pelo rizado en el Devon Rex y en el Cornish es recesivo.

deshacer el rizo y provocar su encrespamiento; por este motivo es mejor utilizar manoplas o gamuzas para su higiene.

Puede tener problemas de tricobezoares (bola de pelo) al ingerir pelos durante su higiene cotidiana del manto; esto lo podemos solucionar poniendo a su disposición hierba gatera o administrando de manera regular productos que contengan malta. De esta manera será más fácil la eliminación de los pelos ingeridos y no se producirá la compactación de los mismos en el intestino.

CARÁCTER

El carácter del Selkirk Rex es un auténtico crisol donde se mezclan los caracteres de las tres razas que intervinieron en su creación: del gato Persa heredó cierta tranquilidad y su adicción por los hogares en los que no hay sobresaltos; del Británico de pelo corto obtuvo su personalidad relajada y el equilibrio interior, y del Americano de pelo corto recibió todas las características típicas de los llamados gatos callejeros, como la curiosidad, ciertos momentos de independencia y gran actividad.

Por tanto, esta raza es el resultado de sumar y restar ciertos temperamentos característicos de las razas precursoras; el resultado es un gato cariñoso, paciente, activo, que soporta las caricias e incluso tolera que le levanten y le

Colores

Monocolores: toda la longitud del pelo está pigmentada por el mismo color, por lo que el manto presenta un tono uniforme, entre los que encontramos:

- **Blanco:** puro y brillante con nariz y almohadillas color rosa.
- **Negro azabache:** totalmente negro con nariz y almohadillas negras.
- **Azul:** con nariz y almohadillas sombreadas en color azul rojizo.
- **Chocolate:** color marrón oscuro, con nariz y almohadillas color marrón.

Bicolores: cualquier combinación de un color con el blanco. Dependiendo del porcentaje de blanco, se denominará van (solo orejas y cola en color), arlequín (orejas, cola y alguna mancha difusa por el cuerpo) y, por último, bicolor.

Tricolores: cuando aparecen tres colores en el manto, bien delimitados entre sí, como si se tratara de un parcheado. Sería la capa tortie más la combinación con el blanco. Es una capa exclusiva de las hembras al igual que el tortie. En Estados Unidos recibe el nombre de calicó, y en países de habla hispana se denominan mariposa.

Gato bicolor crema y blanco. En la creación de esta raza intervino en un principio el gato de raza Persa, pero también participaron posteriormente el Exótico y el British Shorthair.

Ejemplar azul. Si abusamos del cepillado en esta raza, el rizo se hirá deshaciendo y perderá una de sus principales características. Es mejor pasarle una gamuza específica de gatos.

mantengan en brazos y también es muy paciente con los niños.

ALIMENTACIÓN

Es recomendable la alimentación con alimento seco equilibrado especial para felinos. Se aconseja distribuir su ración diaria en varias tomas, de tal manera que su plato siempre tenga algún gránulo de alimento ya que por las características de los felinos nunca ingieren gran cantidad en una sola toma. El pienso que adquiramos debe tener las adecuadas proporciones de los nutrientes esenciales para su correcto desarrollo y posterior mantenimiento.

La alimentación con productos húmedos no es recomendable debido a que tiene menor porcentaje proteico. También tienen el inconveniente de oxidarse e incluso alterarse si permanecen mucho tiempo expuestos al ambiente. Estos productos los podemos utilizar de vez en cuando como premio y también nos serán muy útiles a la hora de administrar medicamentos al gato.

Patrones

Patrones sombreados: capa blanca con un manto de color específico, siendo más sombreado en las zonas bajas; cola y cara oscuras; blanco en el cuello, estomago y en la parte interna de la cola; las extremidades, igual que en la cara. Bordes de ojos, labios y nariz con el color de la sombra.

Podemos encontrar sombras en plata, azul, lavanda, cameo (sombreado en tortuga), crema, golden, chinchilla, patrón humo, etc. Los colores de la nariz y las almohadillas coordinan con el color de la sombra.

Patrón tabby: presentan líneas de color más oscuro formando un dibujo semejante a las líneas de los felinos salvajes, con una M en el centro de la frente y líneas formando anillos en las extremidades y la cola.

Tortie o tortuga: ejemplares que presentan un color base y distribuidas de manera aleatoria manchas en otro color. Dependiendo del color base, podemos encontrar tortie, negro, azul, marrón, etc.

Ejemplar de Selkirk Rex bicolor blanco y azul con un abundante pelo con rizos deshilachados que le dan un aspecto desgreñado.

Este ejemplar calicó es hembra porque es una capa exclusiva de este sexo.

Esta raza de gatos es muy paciente con los niños que conviven con él y les tolera sus juegos y bromas.

Siberiano

El Siberiano también es conocido como el Gato del Bosque Siberiano. Se trata de una raza muy antigua de Rusia y goza de gran popularidad en su país de origen, aunque no es muy conocida fuera de sus fronteras. Se supone que esta raza se formó gracias al cruce del gato Europeo con gatos salvajes autóctonos. Comenzó a popularizarse tras la caída del comunismo en la Unión Soviética ya que no estaba permitido durante esta época la posesión de animales domésticos como mascotas debido a la escasez de alimentos que sufría la población. A pesar de la prohibición, algunos granjeros los mantenían ocultos en las granjas en estado semisalvaje y se aprovechaban de las grandes dotes de cazador del Siberiano para colaborar en el exterminio de roedores.

A partir de la caída del Muro de Berlín comienza su difusión por

Manto

En su vientre, parte posterior de las extremidades y gorguera está formado únicamente por pelaje lanoso y suave; la longitud puede variar dependiendo de la superficie corporal que cubra, siendo mucho más largo en el cuello, las extremidades y la cola.

Esta raza posee dos características importantes: la primera es estar dotado su pelaje de una sustancia oleosa que le impermeabiliza; y la segunda es que se trata de una raza realmente hipoalergénica debido a la carencia en su saliva de una proteína que es la responsable de la mayoría de las reacciones alérgicas que producen en los felinos.

En cuanto a los colores de su manto, se aceptan la mayoría de los colores, los patrones y todas las combinaciones de dibujos posibles, siendo reconocida hasta el denominado patrón himalayo o siamés. Pero cuando se presenta ésta capa, se considera una raza distinta denominada Neva Masquerade (en Estados Unidos).

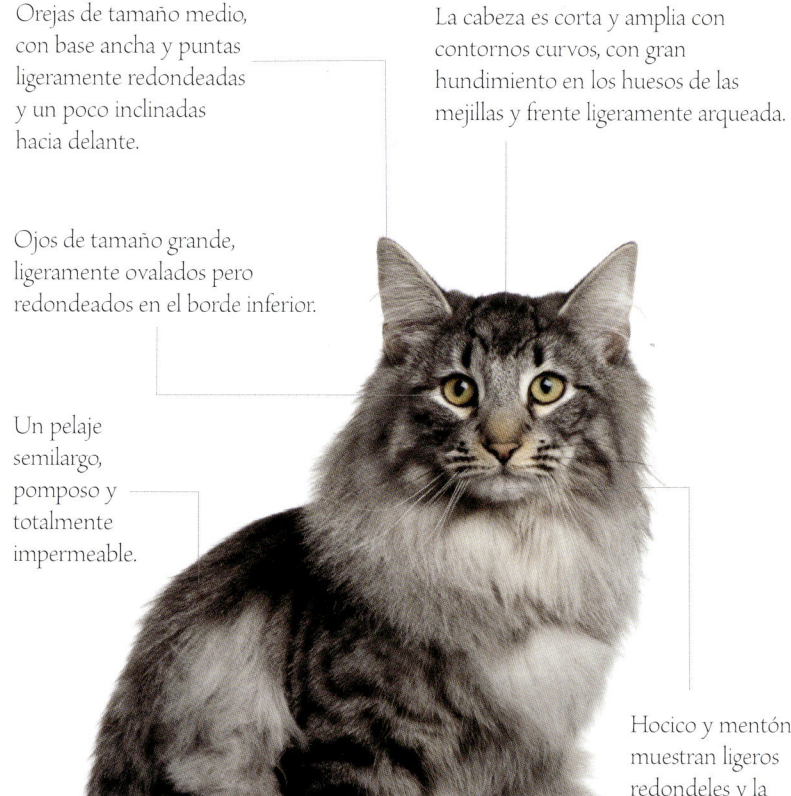

Orejas de tamaño medio, con base ancha y puntas ligeramente redondeadas y un poco inclinadas hacia delante.

La cabeza es corta y amplia con contornos curvos, con gran hundimiento en los huesos de las mejillas y frente ligeramente arqueada.

Ojos de tamaño grande, ligeramente ovalados pero redondeados en el borde inferior.

Un pelaje semilargo, pomposo y totalmente impermeable.

Hocico y mentón muestran ligeros redondeles y la nariz es amplia.

Origen: Rusia	
Tipo: medio-grande	
Peso: entre 3,5 y 10 kg	
Manto: doble capa. La externa es de longitud media y con abundante subpelo	
Capa: se admiten todos los colores a excepción del chocolate, cinamomo y sus diluciones; tampoco es aceptado el factor Burmés	
Vida: de 10 a 16 años	
Carácter: cariñoso, juguetón, inteligente	
Mantenimiento del manto: cepillados regulares, más frecuentes en la época de muda	
Alimentación: alimento seco equilibrado específico para felinos	
Cuidados especiales: debido a la longitud de su manto y el abundante subpelo lanoso debemos darle malta para evitar la formación de bola de pelo	
Enfermedades asociadas: raza sana, no presenta enfermedades asociadas especiales	

Alemania y posteriormente Inglaterra. Desde ese momento empieza a ocupar un lugar destacado debido a su espectacular belleza y la gran facilidad que presenta esta raza para la domesticación.

De animal prohibido pasa a ser un símbolo nacional de Rusia, siendo en 1987 cuando se reconoce el primer pedigrí; en Alemania se reconoce en 1989, y en Estados Unidos en el año 1990; le seguirían otros países europeos en 1992 como Francia y España.

MORFOLOGÍA

La apariencia general del Gato del Bosque Siberiano es la de un felino de tamaño mediano-grande; su cuerpo es fuerte y con músculos potentes, con espalda larga y ligeramente curvada cuando está en reposo, pero en movimiento adquiere un aspecto totalmente horizontal; su cuello es corto y

Ejemplar brown blotched tabby. El Gato del Bosque Siberiano es una raza natural, es decir, que el hombre no ha participado en su formación.

Gato de manto van. El manto del Siberiano es de longitud media, con abundante subpelo lanoso muy denso y firme. El pelo de la capa superior también es denso y cae sobre el cuerpo con soltura, nunca excesivamente pegado al cuerpo.

Colores

Monocolores: en colores sólidos y sus diluciones, pudiendo ser negro (azul) y rojo (crema). Todos los pelos estarán teñidos en su totalidad por el mismo color.

Bicolores: cualquier mezcla de colores sólidos con el blanco. En este grupo pueden ir en las manchas colores sólidos o cualquier otro dibujo o patrón (a excepción del point). Entre estos encontramos blanco y negro, azul y blanco, rojo y blanco, crema y blanco, y tabby y blanco.

fuerte y soporta la cabeza con gran majestuosidad. Sus extremidades son proporcionadas al tamaño de su cuerpo y terminan en pies grandes y con forma redondeada; posee una cola proporcionada con el tamaño del cuerpo y cubierta de abundante pelaje. Todo su cuerpo está cubierto de un manto muy abundante y esponjoso que le confiere un aspecto majestuoso y realmente bello.

La expresión facial es de dulzura debido a los contornos redondeados de su cabeza, siendo estas curvas las que mejor definen y diferencian al Siberiano de otras razas de gatos del bosque, como el Bosque de Noruega o el Maine Coon, los cuales tienen forma triangular o rectangular, respectivamente.

CUIDADOS

Se trata de una raza dotada de una salud de hierro, resistente y realmente dura; no tiene enfermedades asociadas y por lo tanto no suele presentar problemas específicos. Sus cuidados se reducen al cepillado regular de su manto,

Ejemplar de gato red tabby y blanco. Las puntas de las orejas del Siberiano están inclinadas levemente hacia delante, lo que le aporta una expresión curiosa a su cara.

Gato blue smoke. La imagen general del Siberiano trasmite elegancia, fuerza, potencia y una excepcional condición física.

Esta raza es perfecta como animal de compañía por su carácter cariñoso y dulce, a pesar de su aspecto y corpulencia.

insistiendo en las partes donde abunda el subpelo lanoso, como el vientre y la gorguera; de esta manera eliminaremos todo el pelo muerto y evitaremos la ingesta por lamido y su posterior compactación en el intestino, dando lugar a la formación de tricobezoares (bola de pelo). Debemos suministrarle malta o preparados específicos que existen en el mercado para evitar este problema.

No debemos bañar ejemplares de esta raza para no eliminar su particular capa grasa que le proporciona impermeabilización al manto; de esta manera evitaremos que pueda perder protección en climas fríos, lo que podría acarrear problemas respiratorios.

Cuando salga al exterior es necesario tener precaución con los parásitos internos y externos. Debemos seguir en todo momento las pautas que marque su veterinario, y de esta manera le protegeremos a él y también a nosotros.

CARÁCTER

El gato de raza Siberiano tiene tres características que le hacen destacar entre otras razas: su belleza, su tamaño y, sobre todo, su carácter excepcional. A pesar de su aspecto muy próximo al de un felino salvaje,

Excepcional cabeza de un Siberiano atigrado o tabby en el que podemos observar la característica M impresa en su frente y las líneas dibujadas entre sus orejas.

Ejemplar de gato Siberiano de color humo.

Al igual que el resto de gatos de la raza, este ejemplar atigrado tiene un cuello corto que no le resta un ápice de majestuosidad.

En Estados Unidos a los ejemplares con el patrón siamés o colorpoint se les llama Neva Masquerade.

Patrones

Tortie o tortuga: capa únicamente asociada a las hembras. Se trata de manchas de dos colores, siendo el más abundante el que dé nombre a la capa; por ejemplo, el blue tortie (azul y crema).

Tabby: en este caso encontramos dos colores que tiñen el pelo dando lugar a diferentes dibujos. Podemos encontrar en este grupo tabby marrón, rojo, crema, etc. Este patrón puede estar distribuido por todo el cuerpo del animal o bien conformar manchas sobre el blanco; en este último caso se denominarían, por ejemplo, cream tabby y blanco, perteneciendo en este caso a las capas bicolores.

Silver tabby: en este caso emplearemos el término «silver» para indicar la presencia de color plata en la capa. Podremos decir: black silver tabby, red silver tabby. Cuando además aparece el color blanco, la denominación de la capa será, por ejemplo: black silver tabby y blanco, red silver tabby y blanco, etc.

Cachorro Siberiano con capa red tabby o tabby rojo, con los típicos anillos en extremidades y cola.

esta raza es de muy fácil mantenimiento debido a su docilidad y amabilidad, siendo muy adecuado como animal de compañía. Tiene un carácter dulce, cariñoso y disfruta enormemente de la compañía de los seres humanos, demostrando siempre una gran lealtad y fidelidad hacia sus propietarios.

Es muy activo y juguetón, y también muy curioso por naturaleza, por lo que pasa muchos momentos observando su entorno y tomando nota de todo lo que sucede a su alrededor. Es un gran escalador, por lo que no será extraño

Ejemplar mackerel tabby o atigrado que, como buen Siberiano, es muy juguetón, activo y observador.

Los pies son redondeados y las extremidades están proporcionadas con el tamaño general del cuerpo.

encontrarlo encaramado en algún lugar alto del hogar vigilando todo lo que pasa en su pequeño mundo. Algunos ejemplares pueden demostrar cierta timidez, pero con una socialización adecuada puede ser un excelente compañero de vida de otras mascotas, incluidos los perros.

ALIMENTACIÓN

Es una raza bastante exigente y selecta con los alimentos. Debemos buscar aquel alimento seco que más le guste y a ser posible elegir uno que sea de alta gama; de esta manera estaremos seguros de suministrar todos los nutrientes necesarios para su correcto desarrollo y el mantenimiento de su formidable estructura. De vez en cuando podemos premiar su paladar con alguna golosina, como atún natural o carne siempre guisada.

Patrones

Smoke: cuando aparece el color plata o silver en un patrón que no sea el atigrado o tabby no se emplea la palabra «silver», sino que en este caso utilizaremos siempre la palabra «smoke». Podemos encontrar cualquier capa anterior combinada con el color plata: black smoke, red smoke, tortie smoke, red smoke y blanco, etc.

Torbie: son todos aquellos ejemplares en los que en su manto aparece la combinación capa tortie o también denominada tortuga con el atigrado; en este caso se describe la capa de la siguiente manera: blue torbie silver tabby; a esta capa también se puede incorporar el color blanco y para su descripción simplemente añadiremos blanco al final de la capa.

Calicó: es la denominación que recibe en Estados Unidos la capa tortie cuando comparte manto con el blanco. Esta capa se da exclusivamente en ejemplares hembras, igual que los tortie y los torbie.

Patrón siamés: cuando en la capa existen unos lugares determinados como son cabeza, cola, extremidades y orejas en los que el color es mucho más oscuro y que se denominan puntos o «point», pero el resto del cuerpo es de una tonalidad más clara. A los ejemplares de la raza Siberiano que presentan este patrón colorpoint se les denomina Neva Masquerada y son reconocidos en Estados Unidos como una variedad o raza totalmente independiente.

El pelaje del Siberiano es impermeable porque en su origen vivía al aire libre en las granjas rusas en estado semisalvaje.

Siberiano con capa que sigue el patrón siamés. A esta capa se le denomina Neva Masquerade en Estados Unidos.

Van turco

El origen del gato Van turco se encuentra en las proximidades del lago Van en Turquía, y su descubrimiento fue totalmente casual o fortuito ya que fueron visualizados por dos investigadoras de origen británico que estudiaban el origen del gato de raza Angora. Estas investigadoras también observaron que estos gatos tenían un comportamiento salvaje y que no presentaban signos de haber tenido contacto con el hombre ni habían convivido con él en ningún momento. Capturaron algunos ejemplares y los llevaron a Inglaterra en 1955 para, desde allí, proseguir con la investigación de esta nueva raza.

MORFOLOGÍA

El gato Van es un animal dotado de una gran belleza, con una estructura corporal fuerte y robusta pero con una silueta que resulta realmente elegante; su pecho es redondeado, siendo más pronunciado en los machos; su torso es robusto; su osamenta es ligera, pero está dotado de fuerte musculatura; sus extremidades son finas pero bien musculadas, por lo que es una raza

Origen:	Turquía
Tipo:	medio-grande
Peso:	de 4 a 8 kg
Manto:	doble, de semilargo a largo, suave y sedoso; la capa interna es de lanilla
Capa:	color blanco con dibujo van en cabeza y cola
Vida:	de 10 a 15 años
Carácter:	inteligente, gran temperamento, cariñoso, muy activo
Mantenimiento del manto:	cepillados frecuentes sobre todo en época de muda (primavera y otoño), administrar malta
Alimentación:	alimento seco equilibrado con alto porcentaje de proteína. Incorporar grasa de vez en cuando para favorecer la impermeabilización del manto
Cuidados especiales:	es una raza fuerte, por lo que no requiere ninguno en especial
Enfermedades asociadas:	cardiomiopatía hipertrófica

Orejas grandes, anchas en la base y de inserción alta, con puntas redondeadas y de color rosado en su interior.

Cabeza en forma de cuña con nariz larga y sin pigmentación.

Ojos grandes con forma alimonada, ligeramente oblicuos, de color azul, ámbar o dispares; el color verde está admitido pero se prefiere el ámbar.

Cola de longitud media, gruesa, con abundante pelaje siempre coloreado.

Extremidades fuertes y musculosas. Las posteriores son más largas que las anteriores; pies redondos con pelo interdigital.

de gran agilidad. Su cabeza tiene forma triangular y presenta la particularidad de estar ligeramente inclinada hacia abajo. Los ojos son de tamaño grande y de forma ovalada, pudiendo tener muchas tonalidades, pero las más frecuentes son ámbar o azul.

CUIDADOS

En general esta raza goza de buena salud pero tiene una mayor predisposición genética a la cardiomiopatía hipertrófica que otras razas.

También puede tener tendencia a la formación de bolas de pelo debido a su manto semilargo. Debemos cepillar con frecuencia su pelaje para mantenerlo libre de pelo muerto y de esta manera evitaremos que lo ingiera y se compacte en el intestino. Para evitar estas compactaciones es importante administrarle malta.

CARÁCTER

Es una raza con gran energía y por lo tanto intentará gastarla buscando cualquier excusa. Lo podremos ver trepando o jugando incansablemente con cualquier objeto. También es una raza muy curiosa, inteligente y con un gran temperamento; es posesiva con sus propietarios, pero no es una raza faldera.

Tiene la particularidad de ser un excelente nadador y por este motivo disfrutará dándose algún que otro baño en cuanto tenga la mínima posibilidad. En el caso de no encontrarla, no dudará en pasar mucho tiempo jugando con el agua de los grifos o las duchas. También puede compartir su vida con otras mascotas, pero en este caso siempre tendrá o asumirá el puesto del líder y se ganará el respeto de todos los demás.

ALIMENTACIÓN

Debido a la gran actividad que desarrolla esta raza es muy

Los ejemplares de esta raza se caracterizan por tener un manto impermeable para protegerlos en sus inmersiones acuáticas.

importante que pueda recuperar toda la energía que pierde en sus numerosas actividades. Debemos, por tanto, proporcionarle alimento seco equilibrado con gran porcentaje proteico que cubra sus necesidades nutricionales. También es importante que el pienso tenga la proporción adecuada de grasas para el mantenimiento de la capa aislante de su manto.

Manto

El pelaje del gato Van turco es semilargo, compuesto de una lanilla interna y un pelaje externo de textura muy suave, sedoso y ligero, con gran densidad dando un aspecto afelpado y tupido. En la zona que rodea al cuello y en los calzones es más tupido en invierno que en el verano, y en la cola siempre es de mayor longitud dando un aspecto de plumero.

El cuerpo siempre es de color blanco puro, con manchas en las bases de las orejas separadas por una línea blanca; en la grupa existe otra mancha que se extiende hasta la punta de la cola. La disposición de estas manchas se denomina «motivo van».

Motivo van: significa que más del 75% de su cuerpo es totalmente blanco, estando el color delimitado a las orejas y la cola, pudiendo tener alguna otra marca coloreada en el resto del cuerpo, pero nunca superando el 25% restante. Las manchas coloreadas pueden ser de cualquier color y también con dibujos o diferentes patrones.

Abisinio

Chartreux

Bengalí

Devon
Rex

Gatos de pelo corto y Somalí

Brazilian
Shorthair

British

American
Shorthair

Cornish
Rex

Burmese

Azul ruso

Bombay

Este grupo es el más numeroso debido a que en él se encuentran todos los ejemplares que presentan un manto corto más el Somalí, de pelo semilargo pero perteneciente a esta clasificación debido a que comparte estructura morfológica con el Abisinio. Al ser tantas las razas incluidas en esta categoría, la diversidad de su aspecto y temperamento es infinita.

Aunque en este grupo se encuentran incluidos los gatos de pelo corto, también se describirán ejemplares cuya principal característica es la ausencia del pelaje habitual que siempre distingue a los gatos domésticos.

Esta ausencia de pelaje es debida a una mutación natural producida por la presencia en su genoma de un gen responsable de esta característica. Estos genes aparecen de manera esporádica entre las poblaciones de felinos domésticos callejeros o salvajes, pero debido a la falta de protección del manto las criaturas afectadas no suelen sobrevivir en la calle. El hombre, por la singularidad de estos ejemplares, suele incorporarlos a líneas de cría para llamar la atención de posibles compradores que los demandarán por su rareza.

Entre las razas que presentan esta particular anomalía podemos encontrar, por ejemplo, los Sphynx. En esta raza se observa la ausencia total de pelaje, aunque algunos pueden presentar vestigios del pelaje que hubieran tenido en el caso de no haber sufrido la mutación.

Asimismo encontraremos otros ejemplares que presentan un pelaje rizado. Esta particularidad también es fruto de una mutación genética y la base de esa nueva raza también es debida a la casualidad. Estos ejemplares igualmente descienden de un gato callejero que presentaba esta anormalidad y se aprovechó la coyuntura para crear nuevas razas.

Las mutaciones no afectan solo a la longitud u ondulación del manto, sino que también a otras partes del cuerpo. Por ejemplo, podemos hablar de los gatos Bobtail (cola cortada), que tienen una cola muy particular doblada en varios fragmentos y a la vez girados. Esta cola suele asemejarse a los pompones o colas de conejo, confiriendo a las razas que las portan un aspecto muy singular. Entre estos gatos, podemos nombrar al Kurilian Bobtail y el Bobtail japonés, al que se atribuyen poderes mágicos y se considera que dan suerte a sus propietarios.

Los genes responsables de estas anomalías pueden también afectar a los cartílagos de las orejas. Podemos encontrar razas en las que sus orejas se pliegan hacia delante, tapando en todo momento sus conductos auditivos, y otras razas en las que el gen responsable de la mutación gira las puntas hacia la parte posterior de la cabeza.

Pero la mutación más llamativa y la que ha generado más polémica es la que aparece en los gatos Munchkin. El gen que produce esta mutación tiene la particularidad de producir un acortamiento muy exagerado de las extremidades de los gatos. El animal tiene un cuerpo normal pero soportado por diminutas extremidades, asemejándose al Teckel o a un gato salchicha; el hombre no se contenta solo con esto y a los ejemplares que presentan esta anomalía genética les ha incorporado el gen responsable de la ausencia de manto, por lo que existen ejemplares que distan mucho de asemejarse a la figura característica del gato doméstico.

Don Shynx

Europeo

Kurilian
Bobtail

Munchkin

Savannah

Spynx

Ocicat

Mau
egipcio

Somalí

Scottish Fold

Singapur

Afortunadamente en este grupo también podemos encontrar ejemplares que no se diferencian prácticamente en nada del primitivo gato doméstico, como es el caso del Mau Egipcio, máximo responsable de la mayoría de las razas domésticas que conocemos en la actualidad, con su cuerpo equilibrado, sus formas armónicas y elásticas, y con el carácter propio de los felinos.

En este grupo se encuentran recogidas algunas razas que en principio vivieron en las calles de las ciudades y zonas rurales colaborando con el hombre en la caza de los roedores. Con el tiempo, de herramienta de caza muchos de ellos pasaron a considerarse mascota y este fue el comienzo de razas tan difundidas como el British Shorthair, el American Shorthair, el Brazilian o el llamado gato Europeo. Pero otros no han tenido tanta suerte y siguen malviviendo y refugiándose en las alcantarillas de Singapur como si de alimañas se tratase, a excepción de los que fueron sacados de aquel lugar y que hoy conocemos como gato Singapur. Todos ellos, a pesar de haber sufrido algunas hibridaciones con razas consideradas artículos de lujo, suelen presentar un carácter típico o característico de los felinos domésticos, es decir, dotados de gran inteligencia, curiosidad y cierta desconfianza hacia los desconocidos; esto es fruto de su pasado callejero, cuando estas cualidades eran el único pasaporte para su supervivencia en un medio tan hostil.

Entre los ejemplares de este grupo reconocemos algunas razas que se caracterizan por tener el manto de color azul. Debido a dicha coloración y a la textura afelpada de su manto, algunos de ellos fueron utilizados en otros tiempos como animales de peletería, como sucedió con el Chartreux o Monje Cartujano y con el Azul ruso; ambas razas son fieles representantes del carácter felino y

también comparten un carácter excepcional, y hoy en día son mascotas muy solicitadas.

El Ocicat nos recuerda a los pequeños felinos salvajes porque posee un manto muy similar, aunque su carácter dista mucho del de sus hermanos mayores. Pero el mayor representante de estos felinos similares a los salvajes es la raza de muy nueva creación como es el Savanah, que es el resultado de la hibridación de un gato doméstico y un serval, un felino salvaje que se alimenta exclusivamente de pequeños animalillos. El resultado es un hermoso ejemplar que presenta un aspecto muy similar en su manto al de su progenitor salvaje, pero que conserva el carácter del gato doméstico, siendo cariñoso y leal con sus propietarios. El Bombay también es una de las razas que recuerda a los jaguares o panteras negras, pero solo en apariencia porque su manto es de un negro azabache característico y realmente hermoso, y si a esto le sumamos los hermosos ojos de los que está dotado, resulta una de las razas más bellas entre los felinos domésticos. El Somalí, que es el pariente de pelo largo de una de las razas más populares, el Abisinio, posee un temperamento extrovertido y juguetón. Es un gato mediano, corpulento y majestuoso que se adapta bien a espacios interiores y que ha desarrollado el pelo semilargo en su cruce con gatos Persas y Siameses, por la hibridación de estas razas en sus camadas.

Por todo lo que hemos dicho anteriormente, en este grupo podemos encontrar razas adecuadas para todos los gustos, ejemplares de aspecto salvaje, auténticas criaturas que parecen salidas del cine de ciencia ficción… Y aquellos que sigan deseando el gato de toda la vida, pueden elegir entre varias razas callejeras en origen pero mejoradas por la mano del hombre.

Abisinio

Su origen e historia están llenos de especulaciones y controversias, pero lo que sí se sabe gracias a estudios genéticos es que su origen geográfico está situado en las costas del océano Índico y algunas partes del sudeste de Asia. Donde se desarrolló realmente fue en Inglaterra y fue una de las razas más demandadas por la burguesía del siglo XIX.

Se cree que los actuales Abisinios provienen de los ejemplares introducidos en Inglaterra por soldados ingleses que volvían de Abisinia (actual Etiopía); estos gatos introducidos en Inglaterra estaban muy lejos de asemejarse a los actuales. En el año 1882 el Abisinio fue considerado raza por primera vez, pero en el año 1887 recibió el nombre de «gato chispeado difuso británico» por su particular manto y se inscribieron dos variedades: la bunny (conejito) y la hare (liebre), ambos con el pelaje agutí. Pero en 1919 volvió a denominarse Abisinio. Esta raza fue introducida en Estados Unidos hacia el año 1907.

Morfología

El Abisinio conserva y mantiene las características típicas del gato salvaje africano, es decir, es una raza

Cabeza de tamaño mediano con forma de cuña y proporcionada con el tamaño del cuerpo.

Ojos con forma almendrada y de tamaño grande y delineados en color oscuro; pueden ser de color pardo amarillento o verdosos.

Orejas grandes, amplias, ahuecadas y redondeadas en la base, dirigidas hacia delante.

Perfil curvado suavemente y hocico redondeado.

Cola larga y fina hasta el final.

Manto

De pelo corto en la zona dorsal, es más largo hacia los laterales. Con color irisado debido a que cada pelo tiene entremezclados entre cuatro y seis colores; brillante. En la zona de la garganta, vientre y parte interna de las extremidades no es irisado.

Patrones

El color está regido por el gen agutí que produce las distintas coloraciones de cada pelo; esto da lugar a un patrón tabby que recibe el nombre de **tabby abisinio,** que es jaspeado y en la que apenas se percibe el rayado característico del tabby, y recibe el nombre de **ticked**. Este efecto se debe a que cada pelo tiene varias bandas de color alternadas, siendo la punta la que tiene el tono más oscuro.

Se presenta en dos variedades originales, bunny y hare, y otras más modernas, azul y fawn. En todas ellas pueden aparecer variedades plateadas que se denominan silver.

La punta de la cola nos define con claridad el color de cada variedad. Todas ellas conservan la M característica del patrón tabby sobre la frente y los ojos delineados.

de tamaño medio, con cuerpo alargado, delgado, pero con líneas armónicas y musculatura desarrollada y fibrosa que le proporciona solidez al tacto. Su caja torácica es redondeada y la parte posterior está ligeramente arqueada; sus extremidades son largas, delgadas pero musculosas, con pies ovalados que dan la sensación de caminar de puntillas. La morfología de las extremidades le proporciona una facilidad enorme para el salto.

CUIDADOS

Es una raza sana y resistente, pero por las razas que intervinieron en su formación puede presentar problemas debidos a enfermedades genéticas asociadas a ellas, entre las que podemos encontrar la amiloidosis renal, atrofia progresiva de la retina, hernia umbilical y luxación de la rótula. Su manto apenas necesita cuidados para mantenerse en perfectas condiciones.

CARÁCTER

Muy activo y juguetón, también es muy ágil y curioso. Como la mayoría de los felinos domésticos, tiene tendencia a elegir a un miembro de la familia como su amo. Le gustan los hogares tranquilos sin demasiado ruido; en caso contrario puede padecer alteraciones en el comportamiento.

Es extremadamente cariñoso y no soporta la soledad prolongada, necesita la compañía y demuestra gran lealtad; también es muy sensible y debemos tener cuidado al reprenderlo con violencia porque puede llegar a rebelarse.

ALIMENTACIÓN

Necesita alimento seco de alta energía debido a la gran actividad que realiza a lo largo de todo el día. Pero también por este motivo no tiene problemas con la cantidad ingerida debido a que gasta todo el alimento que ingiere y es bastante difícil que sufra sobrepeso.

Gato de capa silver en el que se aprecia la forma alargada de su cuerpo y la gran longitud de su cola.

Origen:	Inglaterra
Tipo:	medio
Peso:	entre 4 y 7 kg
Manto:	corto, más largo en flancos, patas y cabeza
Capa:	atigrado
Vida:	de 9 a 13 años
Carácter:	muy activo, juguetón, cariñoso
Mantenimiento del manto:	apenas necesita algún cepillado
Alimentación:	pienso de alta energía
Cuidados especiales:	no requiere
Enfermedades asociadas:	amiloidosis renal, atrofia de la retina, luxación de la rótula

Hermosos ejemplares que nos demuestra la potencia de su musculatura y sus extremidades adaptadas para el salto.

American Shorthair

El origen de esta raza proviene de los gatos Shorthair que acompañaron a los colonos británicos en sus viajes a América y que eran utilizados para la caza de roedores en los barcos; muchos de estos gatos terminaron siendo animales callejeros, aunque algunos de ellos convivían con el hombre en las granjas debido a sus grandes dotes de cazador. Se pretendió recuperar la raza y se utilizaron gatos callejeros comunes seleccionados y se incorporó la sangre del Británico de pelo corto. El primer ejemplar reconocido es del año 1904. Mediante posteriores cruces y selección de los mejores ejemplares se consiguió el American Shorthair en 1966 tal y como lo conocemos en la actualidad.

MORFOLOGÍA

Es una raza de tamaño medio a grande con más cuerpo y anchura que su predecesor, el Británico de pelo corto. Tiene hombros y pecho ancho y extremidades poderosas, cara agradable y mejillas desarrolladas con amplios carrillos. Ojos expresivos pudiendo ser de color claro, oro y en la capa de color chinchilla pueden ser verdes o verde azulados.

CUIDADOS

Es una raza realmente dura debido a sus antepasados callejeros y de granja. En un principio esta raza

Manto

Como su propio nombre indica, esta variedad tiene el manto corto, muy denso y apretado dando la sensación de estar afelpado. Al tacto resulta un poco áspero y la textura es gruesa.

Color y patrón

Se admiten todos los colores. Pueden ser:

Monocolores: el blanco, crema, negro, rojo y azul.

Bicolores: de todos ellos y el blanco.

En cuanto al patrón:

Tortie: en todos los tonos.

Calicó: tortie más blanco.

Tabby: todos los patrones tabby, que es el más frecuente.

Orejas de tamaño mediano y con las puntas redondeadas.

Cabeza grande, llena, con mejillas redondas, hocico cuadrado y nariz mediana.

Ojos redondeados y amplios, ligeramente oblicuos, separados.

Cola de tamaño mediano y con base ancha.

Extremidades musculosas y con fuerte osamenta, y pies redondos.

Origen:	Estados Unidos
Tipo:	medio a grande
Peso:	entre 5 y 9 kg
Manto:	corto, de textura ligeramente áspera, denso y grueso
Capa:	muy variada admitiéndose colores sólidos, tabby, bicolores y tricolores
Vida:	de 15 a 20 años
Carácter:	gran cazador, independiente, cariñoso y fiel
Mantenimiento del manto:	apenas necesita algún cepillado
Alimentación:	nada exigente
Cuidados especiales:	desparasitaciones frecuentes, administrar malta
Enfermedades asociadas:	no tiene, es una raza muy robusta

Criado y seleccionado para la caza de roedores, ha pasado de ser considerado un animal de trabajo para las granjas a estar muy valorado como animal de compañía.

fue diseñada como animal de trabajo para cazar roedores; por este motivo es muy fuerte y resistente.

También es de fácil adaptación a cualquier ambiente y su pelaje al ser tan denso le protege tanto del frío como del calor. Además no requiere muchos cuidados para mantenerse en perfecto estado. Es conveniente administrar malta para impedir la formación de bolas de pelo.

Es muy recomendable desparasitarle con frecuencia debido a que puede contaminarse cuando ingiere sus presas cuando sale de cacería.

CARÁCTER

Destaca por su buen temperamento, teniendo un carácter amable y cariñoso, siendo siempre muy afectuoso con los miembros de su familia. Pero hay ocasiones en que puede preferir cierta independencia y también puede mostrarse

extremadamente receloso y desconfiado con los extraños.

ALIMENTACIÓN

No es nada exigente con los tipos de alimentos, debemos proveerlo de alimento seco equilibrado y garantizar que siempre disponga de agua fresca. También agradece de vez en cuando alguna golosina especial para felinos.

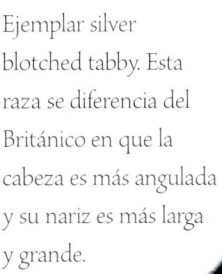

Ejemplar silver blotched tabby. Esta raza se diferencia del Británico en que la cabeza es más angulada y su nariz es más larga y grande.

Azul ruso

Sus orígenes se remontan al siglo XIII, y fueron introducidos en Inglaterra por marinos mercantes desde Rusia en 1875, los cuales se habían quedado impresionados por la belleza de su capa y por ese motivo decidieron llevarlo consigo. Cuando llegó tuvo mucha aceptación por la rareza del color del manto que presentaban estos ejemplares.

Como muchas otras razas, durante la Segunda Guerra Mundial, época en la que no había sido admitido como raza, casi llegó a extinguirse. Cuando se intentó recuperar de nuevo, apenas existían ejemplares, por lo que se recurrió a su hibridación con gatos de raza Siamés para aumentar el número de ejemplares y evitar la endogamia; de esta manera aumentó su número y comenzó su resurgimiento.

MORFOLOGÍA

Esta raza es de tipo medio, con un cuerpo alargado y delgado debido a su osamenta delgada. Sus líneas son esbeltas; sus extremidades son largas y delgadas, y, a pesar de tener la masa ósea ligera, está dotada de musculatura fibrosa. Su cabeza es proporcionada al tamaño del cuerpo, armonizando perfectamente con este. Es una raza con aspecto aristocrático y de movimientos elegantes, lo que, unido a su pelaje suave y de una coloración tan peculiar y al color verde de sus ojos, hace que esta raza sea una de las más demandadas en la actualidad.

CUIDADOS

Es un gato duro y resistente que no tiene enfermedades asociadas a la raza ni predisposición para contraerlas. El problema que afecta

Manto y color

Su manto es doble. La capa externa es fina, muy suave al tacto; la capa interna está compuesta de abundante lanilla y es la responsable de dar al manto un aspecto afelpado.

El color es siempre azul con tonos plateados, muy similar al color del acero.

Cabeza en forma de cuña u ovalada, cráneo pequeño y achatado, nariz corta y mandíbulas fuertes.

Ojos de forma almendrada, de color verde intenso con una mirada profunda casi hipnótica.

Orejas grandes y con puntas redondeadas, cuya piel es casi transparente.

Cola larga, recta y lisa, con base gruesa que se estrecha hacia la punta.

Extremidades largas de huesos delgados, pero muy fibrosas, pies pequeños y redondos.

En su país de origen por su excepcional pelaje esta raza era utilizada para la confección de ropa y complementos.

Muy inteligente, es capaz de aprender todo tipo de trucos, incluso por sí mismo, como abrir puertas, por lo que debemos tener cuidado con ventanas y puertas.

Son muy tímidos, pero si conseguimos ganarnos su confianza sin agobiarlo vencerá su timidez y se mostrará tal y como es. Aún así siempre se muestra desconfiado y huidizo con los extraños; no es una raza adecuada para convivir con otras mascotas. No le gustan los cambios ni los hogares desordenados y ruidosos; adora la rutina y se adelantará unos minutos a las actividades cotidianas. También es muy sensible y capaz de detectar el estado emocional de su propietario, por lo que se adecuará a él.

ALIMENTACIÓN

No es nada exigente en cuanto a la alimentación, pero siempre debemos suministrarle alimento seco equilibrado que contenga todos los nutrientes necesarios.

No debemos olvidar que se trata de una raza extremadamente limpia, por lo que no le importará qué tipo de alimento esté en su plato, pero sí exigirá que este se encuentre bien limpio. Igual sucede con el agua, que siempre debe estar fresca y limpia.

con más frecuencia a esta raza es el sobrepeso debido a su gran apetito.

El cuidado de su manto afelpado exige un cepillado a contrapelo para mantenerlo levantado, y es necesario realizarlo todas las semanas, pero con más frecuencia en las épocas de muda. Debemos administrarle malta de manera regular. Por lo demás solo es necesario seguir el calendario de vacunaciones y desparasitaciones regulares para eliminar endoparásitos y ectoparásitos.

CARÁCTER

Es cariñoso, juguetón y tranquilo, siendo una raza muy adecuada para propietarios inexpertos y para familias con niños mayores. Es una raza muy limpia, pero exige que sus propietarios también lo sean; necesita encontrar su arenero en perfecto estado, de lo contrario podrá buscar otro lugar.

Origen:	Rusia (desarrollo en Inglaterra)
Tipo:	medio
Peso:	entre 4,5 y 6 kg
Manto:	doble. La capa externa es fina, brillante, suave al tacto; la interna, con abundante lanilla
Capa:	color azul con tonos plateados, acerado
Vida:	de 10 a 15 años
Carácter:	tímido, inteligente, ordenado, cariñoso, muy limpio
Mantenimiento del manto:	cepillados a contrapelo cada 15 días, más en época de muda
Alimentación:	nada exigente, alimento seco equilibrado
Cuidados especiales:	evitar la obesidad, siempre limpios sus cuencos y arenero
Enfermedades asociadas:	ninguna

Debido a que los primeros ejemplares fueron exportados desde la ciudad rusa de Arkhangelsk, estos gatos también son conocidos como «gatos arcángeles».

Bengalí

El Bengalí es el resultado de la hibridación del leopardo asiático macho con el American Shorthair. Este cruce se realizó en Estados Unidos en el año 1970; los cachorros que se obtuvieron se volvieron a cruzar con otras razas de gatos domésticos, y tras sucesivos cruces se consiguió definir la raza y los cambios que se pretendían en el pelaje. Debido a los diferentes cruces con otras razas el aspecto de los ejemplares puede ser muy diferente. Estas variaciones suelen afectar fundamentalmente al aspecto del manto y al color de los ojos.

Con cada cruce se introducen nuevos genes y algunos producen efectos no deseados; por este motivo se ha recomendado evitar el cruce con otras razas.

El carácter del Bengalí en las primeras generaciones conserva muchas de las características del leopardo asiático, por lo que se recurre a la cuarta y en algunas ocasiones la sexta generación para lograr ejemplares con un carácter más similar al gato doméstico.

MORFOLOGÍA

Su cuerpo es de aspecto sólido debido a su fuerte osamenta y musculatura poderosa. Su estructura física es equilibrada porque ninguno de los rasgos prevalece sobre los demás, siendo muy compensada. El cuerpo es largo y con estructura

Manto

Pelaje corto, suave y muy brillante, sobre todo en los ejemplares de color oscuro. Puede presentar un estampado tipo atigrado, que es el resultado de la combinación de un dibujo moteado y otro amarmolado.

Orejas de tamaño medio, con las bases anchas y las puntas redondeadas.

Cabeza con forma de cuña, con contornos redondeados y mandíbulas fuertes y anchas.

Ojos de forma ovalada y de tamaño grande. El color puede variar dependiendo de las razas que hayan intervenido en su formación.

Nariz larga y ancha, acolchada y de color ladrillo.

Su cola es gruesa y de tamaño mediano, muy flexible y articulada.

Origen:	Estados Unidos
Tipo:	medio
Peso:	oscila entre 4 y 8 kg
Manto:	pelaje corto y muy brillante
Capa:	estampado tipo atigrado en diferentes tonalidades
Vida:	entre 12 y 15 años
Carácter:	muy activo, juguetón y sociable
Mantenimiento del manto:	cepillados esporádicos; agradece el baño
Alimentación:	alimento seco equilibrado según su actividad
Cuidados especiales:	limpieza de exceso de cerumen y del exceso de grasa de la barbilla
Enfermedades asociadas:	dependen de la raza utilizada en su hibridación

ósea robusta, especialmente en los machos; sus extremidades son fuertes y más altas las posteriores que las anteriores; terminadas en pies grandes y redondeados; la cola es gruesa y de tamaño mediano. Su cabeza tiene forma de cuña y con los contornos redondeados, siendo más ancha que larga y de tamaño ligeramente grande en proporción con el cuerpo, sus mandíbulas son fuertes y poderosas. Sus ojos son de forma ovalada y de tamaño grande. Su color es muy variado dependiendo de las razas que hayan intervenido en su formación.

La hibridación con el leopardo asiático fue posible debido a que posee 38 cromosomas, igual que el felino doméstico.

CUIDADOS

Debido a la sangre del leopardo asiático en algunos ejemplares pueden aparecer signos de inestabilidad emocional y agresividad, por lo que únicamente deben adoptarse como mascota los ejemplares de la cuarta e incluso la sexta generación tras el cruce para garantizar su correcta domesticación. De la parte que han heredado del gato doméstico pueden sufrir algunas enfermedades asociadas; las más comunes son la cardiomiopatía hipertrófica y la atrofia progresiva de la retina.

Es una raza muy activa. En el caso de que no pueda hacer el ejercicio que le permita gastar toda esta cantidad de energía, presentará cierta tendencia a la obesidad, y también puede sufrir problemas de comportamiento. Se recomienda que realice todo el ejercicio que sea posible.

Su manto, de pelo corto, no necesita mucho mantenimiento.

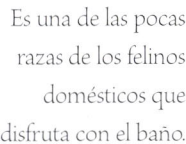

Los cachorros al nacer son de color blanco o grisáceo y las manchas características del manto aparecen progresivamente.

Es una de las pocas razas de los felinos domésticos que disfruta con el baño.

Es recomendable que haga mucho ejercicio todos los días porque de otra manera podría tener problemas de comportamiento y obesidad.

Bastará con cepillados de vez en cuando para mantenerlo en perfectas condiciones. Es de los pocos felinos que agradecen el baño debido a que les fascina el agua, y disfrutará enormemente cuando lo bañamos.

Produce mucho más cerumen en los oídos que la mayoría de las razas de gatos domésticos, por lo que los debemos vigilar y limpiar cuando sea necesario. También produce mucha grasa en la parte de la

barbilla, la cual debemos limpiar frecuentemente para evitar la aparición de dermatitis por falta de oxigenación de la piel.

CARÁCTER

Es una raza que se caracteriza por tener un temperamento bastante activo e inquieto, por lo que no para de jugar con todo tipo de objetos para rebajar su alta energía. Por este motivo es recomendable que se le brinde la posibilidad de salir al exterior; lo mejor es hacerlo con un arnés, de esta manera evitaremos que se escape.

Son animales muy sociables y cariñosos, sobre todo los machos.

Esta raza agradece las salidas al exterior debido a su carácter inquieto, pero debemos vigilar que no se nos escape.

Magnífico ejemplar en el que podemos apreciar las características manchas distribuidas por su superficie, además del rayado en extremidades y cola.

A los ejemplares de la raza Bengalí les entusiasma jugar con todo tipo de objetos ya que son gatos muy inquietos y activos.

Por este motivo pueden ser en ocasiones muy absorbentes con su propietario. Las hembras suelen tener un temperamento más independiente y temperamental.

Emite un maullido muy potente porque tiene unas fuertes cuerdas

Las almohadillas de inserción de los bigotes son muy abultadas y los huesos de las mejillas son altos y prominentes.

vocales. Debemos intentar en lo posible evitarlo.

ALIMENTACIÓN

Debido a la gran actividad que desarrolla, es imprescindible un buen alimento seco para garantizar el gasto energético que se produce durante el tiempo dedicado al juego. Debemos administrarle la cantidad adecuada para que se mantenga en perfecto estado. También debe disponer de agua fresca y limpia, aunque esta raza no duda en servirse él mismo directamente de cualquier grifo.

Colores

El color base presenta diferentes tonalidades: marfil, crema, amarillo, naranja. Y las manchas siempre son en tonalidad más oscura y se pueden presentar en color negro, chocolate o canela.

El color de los ojos suele combinar con el del manto y se pueden encontrar:

Bengalí seal: los ojos son de color azul aguamarina o verdoso, verde amarillento.

Bengalí brown: ojos verdes, marrones o dorados.

Bengalí nevado: ojos azules debido al cruce con el Siamés.

Cachorro con ojos bengalí seal o azul aguamarina.

Impresiona la mirada felina de este ejemplar Bengalí, que muestra la potencia de sus extremidades y sus pies grandes y redondos.

Variedad nevada, con un tono muy claro, casi blanco de fondo, sobre el cual hay manchas negras. La punta de la cola siempre es negra y el abdomen, moteado.

Bobtail japonés

Aunque muchos piensan que esta raza es de origen japonés, la realidad es que proviene de China, pero se estableció hace más de mil años en las islas japonesas. Según cuenta la leyenda, los primeros gatos que llegaron eran de color negro, les siguieron los de color blanco y, por último, los de color rojo. Mediante cruces entre ellos surgió el gato denominado «Mi-ke», que significa tricolor.

Este gato se convirtió en Japón en un auténtico talismán y protector de los marineros, por lo que se negaban a embarcar si entre la tripulación no se encontraba uno de estos ejemplares. Por este motivo eran muy reacios a exportarlos, pero durante la Segunda Guerra Mundial muchos de estos animales fueron abandonados en las calles. Sin embargo, algunos fueron rescatados por un norteamericano que en el año 1956 abrió su propio criadero en Japón y consiguió el permiso de su exportación a Estados Unidos en el año 1966; desde allí paso a Inglaterra y posteriormente a toda Europa.

Manto

Pelo corto o de longitud media, suave y sedoso, con una capa interna poco notable. Se admiten todos los colores y patrones, a excepción del point y el agoutí,. La capa más apreciada es la Mi-ke, que es una tricolor calicó o mariposa.

MORFOLOGÍA

Es de talla media, longilíneo, proporcionado y musculoso. Sus extremidades son largas y delgadas. Su cola es el elemento distintivo de esta raza debido a que no sobrepasa

Cabeza con forma de triángulo equilátero con suaves líneas curvas, grandes bigotes, nariz larga y hocico ancho.

Ojos grandes de forma ovalada, cuyo color armoniza con el manto.

Cola muy corta formando varias curvas y ángulos, semejante a un pompón.

Orejas largas y rectas, separadas y formando un ángulo recto, nunca inclinadas.

Levanta una extremidad anterior cuando se sienta, por lo que parece saludar y es símbolo de buena suerte.

Aunque la capa más solicitada es la calicó o tricolor rojo, negro y blanco, esta raza puede presentar infinidad de mantos, como este de una capa van.

Origen: China (difusión Japón)	
Tipo: medio	
Peso: de 2,5 a 4 kg	
Manto: corto o semilargo, suave, sedoso y sin capa interna visible	
Capa: todos los colores y patrones a excepción del chocolate y lila	
Vida: entre 9 y 15 años	
Carácter: fuerte, sociable con personas, equilibrado, adaptable	
Mantenimiento del manto: cepillados y toalla húmeda para sacar brillo y retirar pelo muerto	
Alimentación: alimento seco equilibrado y una vez por semana pescado	
Cuidados especiales: no requiere, vacunaciones estipuladas y desparasitaciones	
Enfermedades asociadas: no tiene, raza muy fuerte	

los 8 o 10 cm. La lleva enroscada en una o dos vueltas sobre la cadera y su aspecto es el de un pompón.

CUIDADOS

Es una raza muy fuerte y resistente y no tiene enfermedades asociadas. Es difícil que sufra obesidad debido a la gran actividad que realiza a lo largo del día. En cuanto al cuidado de su manto es suficiente con cepillados profundos un par de veces por semana y pasar un paño húmedo y áspero para recoger el poco pelo que suelta.

CARÁCTER

Tiene un carácter muy fuerte pero es muy sociable con las personas, incluso con los extraños. En cambio, no es nada amable con otras mascotas. Es muy fácil jugar con ellos debido a la tendencia a portar objetos

en la boca. Son muy seguros y también equilibrados, por eso no les importan los cambios y les encantan los viajes; se adaptan perfectamente a todo tipo de ambientes. Tienen un maullido característico que se asemeja a un canto dulce y con diferentes tonos mediante el que se comunican. Otra particularidad de esta raza es que levanta una extremidad anterior cuando se sienta, dando la sensación de que saluda.

ALIMENTACIÓN

Alimento seco equilibrado especial para felinos de libre disposición. Una vez a la semana le podemos dar pescado debido a su gran afición por este alimento, siempre que esté cocinado; se cree que este capricho se debe a los muchos años en los que acompañó a los marineros en sus travesías.

Bombay

Nace en el año 1958 y es el resultado del cruce de un gato Americano de pelo corto y un Burmés. En la actualidad esta raza solo se cría en Estados Unidos y Canadá.

MORFOLOGÍA

Es una raza de tamaño mediano, con un cuerpo sólido y poderoso pero longilíneo. Sus extremidades tienen osamenta ligera pero también son musculosas. Es una raza dotada de gran agilidad; sus almohadillas son densas y siempre de color negro.

CUIDADOS

Esta raza es dura y resistente y no presenta problemas asociados; en cuanto a su bello manto, solo son necesarios cepillados esporádicos para eliminar los pelos muertos. Solo requiere desparasitaciones regulares y las vacunaciones recomendadas.

CARÁCTER

Son sociables, inteligentes y cariñosos. Debido a su docilidad y a los pocos cuidados que requiere es una raza muy adecuada para propietarios principiantes por su fácil manejo. No presenta desconfianza con los extraños y se lleva perfectamente con otras mascotas.

Es una raza que destaca por su inteligencia y agilidad, y es de las pocas a las que podemos enseñarles a recoger objetos lanzados. También es capaz de soportar el arnés y disfrutar de los paseos.

ALIMENTACIÓN

Nada exigente ni caprichoso, pero esto no debe ser una excusa para no darle un buen alimento seco equilibrado que le proporcione los nutrientes necesarios para su correcto mantenimiento y también que tenga los minerales y vitaminas necesarios para conservar su espectacular manto.

Origen: Estados Unidos	
Tipo: medio	
Peso: entre 4 o 5 kg	
Manto: denso, corto, liso y brillante	
Capa: solo negro azabache	
Vida: de 12 a 15 años	
Carácter: inteligente, sociable, cariñoso	
Mantenimiento del manto: cepillados esporádicos	
Alimentación: alimento seco equilibrado adecuado para felinos	
Cuidados especiales: no requiere	
Enfermedades asociadas: no se conocen	

Cabeza grande y compacta, redondeada con carrillos desarrollados, dando un aspecto rollizo.

Ojos de forma redondeada, de color amarillo o de color cobre, brillantes y muy expresivos.

Orejas de tamaño mediano y ligeramente redondeadas.

Hocico corto que acaba en un stop muy marcado, con nariz siempre de color negro.

Manto y color

Tiene un espectacular pelaje muy denso, corto, liso y siempre muy brillante que adorna su silueta y le confiere el bello aspecto de los felinos salvajes.

El color es siempre negro azabache con un brillo intenso.

Cola de longitud mediana y gruesa.

Brazilian Shorthair

Su origen fueron los gatos callejeros de las ciudades brasileñas. La idea era conseguir de estos gatos mestizos una raza pura que pudiera transmitir a su descendencia caracteres fijos. Tras largos años de cría y selección se reconoció en el año 1985 por la Federación Brasileña del Gato y también fue aprobada por la Federación Mundial del Gato con sede en Alemania.

MORFOLOGÍA

Es una raza de tamaño medio. Su cuerpo es de ligera osamenta pero con fuerte musculatura; tiene una silueta de aspecto elegante, grácil y equilibrada. Sus extremidades son fuertes, bien separadas, de tamaño medio y proporcionadas con el cuerpo; la cola es de tamaño medio con base ancha.

CUIDADOS

Se trata de una raza con salud de hierro y sus cuidados se reducirán a las desparasitaciones y a sus vacunaciones. Su manto no requiere mantenimiento pero hay que cepillarlo de vez en cuando.

CARÁCTER

Es muy cariñoso, hasta el punto de llegar a ser empalagoso. También es bastante participativo y acompaña a los miembros de su familia observando todos sus movimientos y curioseando a su alrededor.

Elige a un miembro de la familia como amo y disfruta de su compañía,

Manto

Abundante y denso pelaje que se adapta perfectamente a la forma de su cuerpo porque carece de submanto o capa interna.

por lo que no es una raza que soporte mucho tiempo la soledad, y en el caso que esto sucediera puede volverse irritable y a veces no duda en abandonar su hogar y salir a buscar lo que necesita fuera.

ALIMENTACIÓN

No es nada exigente en cuanto a la alimentación, pero necesita una alimentación que garantice el aporte de todos los nutrientes para su mantenimiento. Por este motivo es fundamental suministrarle un pienso adecuado específico para felinos.

Origen: Brasil	
Tipo: medio	
Peso: entre 3,5 y 5 kg	
Manto: sin subpelo, corto, sedoso y brillante	
Capa: todos los colores y patrones	
Vida: de 12 a 15 años	
Carácter: cada ejemplar tiene su propio carácter, pero generalmente es cariñoso	
Mantenimiento del manto: cepillados esporádicos	
Alimentación: alimento seco equilibrado	
Cuidados esenciales: malta en primavera y otoño, desparasitaciones	
Enfermedades asociadas: no constan	

Cabeza de tamaño mediano, ligeramente más corta que larga.

Orejas de tamaño grande en proporción con la cabeza y puntiagudas.

Ojos de tamaño grande y almendrados, muy juntos y con el color armonizando con el manto.

Extremidades fuertes y muy musculadas, estando bien separadas.

Cola ligeramente ancha en la base y afinándose hacia la punta.

British Shorthair

El British Shorthair es una de las razas más antiguas de Europa: se cree que los ancestros de estos gatos fueron introducidos por los romanos en las Islas Británicas hace aproximadamente 2.000 años.

Muchos de estos gatos sobrevivían por sus propios medios en las calles de las ciudades y en las campiñas gracias a sus dotes de cazador. Esta habilidad por la caza fue la que le permitió su acceso a las granjas y de esta manera comenzó

su domesticación. Estos gatos se hicieron imprescindibles como fieles aliados en la protección de las cosechas y de los hogares. También en los barrios obreros, donde las condiciones de vida eran muy miserables, estos gatos eran apreciados como colaboradores en la eliminación de los roedores que se encargaban de diezmar sus alimentos y también eran los responsables de transmitir numerosas enfermedades.

Los antepasados de esta raza que malvivían en las calles eran gatos robustos, con cara y ojos redondos, pelo denso, grueso, corto e impermeable que presentaba todas las capas y los patrones. En el año 1800 se comenzó la cría selectiva y en el año 1871 fue la primera vez

Cabeza redondeada, maciza, con cráneo ancho. Hocico bien definido con contornos redondeados, y mejillas llenas.

Orejas pequeñas, suavemente redondeadas en las puntas y separadas.

Ojos muy grandes y separados entre sí; el color contrasta con el del manto, pudiendo tener ojos dispares.

Nariz corta y ancha, recta y sin stop, respingona.

Manto

Está compuesto por un submanto muy apretado y compacto. El pelo exterior es corto, muy denso y crespo; la textura es fina pero debido a su gran densidad parece afelpado como un peluche. Genera muchas pelusas en el hogar, sobre todo en la época de muda, y es impermeable para protegerlo de las inclemencia del tiempo. Existe una variedad de esta raza que presenta un manto semilargo y que es denominada British Longhair.

Detalle de la espectacular cabeza del British de pelo corto: es redonda, maciza y con carrillos llenos.

que el British participó en una exposición en el Palacio de Cristal de Londres; resultó ganadora una hembra de esta raza de color azul. Y en el año 1901 se creó el British Cat Club y recibió esta nueva raza el nombre por el que lo conocemos en la actualidad. Tras la Segunda

Origen: Inglaterra	
Tipo: medio	
Peso: entre 4 y 8 kg	
Manto: corto, muy denso, con un submanto abundante	
Capa: todos los colores	
Vida: de 9 a 15 años	
Carácter: independiente, equilibrado, sociable	
Mantenimiento del manto: cepillados frecuentes	
Alimentación: alimento seco equilibrado para felinos domésticos	
Cuidados especiales: evitar la obesidad	
Enfermedades asociadas: cardiomiopatía dilatada y tromboembolismos	

Genéticamente la raza British a la que pertenece este ejemplar blanco tiene tendencia a engordar debido a su glotonería, por lo que hay que ser muy estrictos con su cantidad de comida.

Brithish Shorthair que presenta la capa más demandada en esta raza, que es la azul. La variedad azul es la más popular y requerida de todas las capas que puede exhibir este gato.

El lila es uno de los colores admitidos en la capa. Este ejemplar curiosamente es de pelo semilargo, a pasar de su nombre Shorthair.

Espectacular ejemplar que porta la difícil capa tabby crema en un interior doméstico.

Guerra Mundial se produjo una disminución de ejemplares y se tuvo que recurrir al mestizaje para aumentar su número, por lo que hubo un momento en el que los British se alejaron mucho de su primitivo estándar. Se tuvo que recurrir al Persa para recuperar de alguna manera su antigua silueta y también para aumentar los colores de su manto; entre los que se incorporaron fue el colorpoint, que en 1980 fue reconocido por la CFA en Estados Unidos y en 1993 se realizó el último estándar publicado por la TICA.

MORFOLOGÍA

El British tiene un cuerpo robusto, musculoso y fuerte, de tamaño mediano tirando a grande; su espalda y lomo son anchos y planos; el tórax es redondeado, con cuello grueso y las extremidades cortas y

Este es un buen ejemplo de un gato British Shorthair red tabby de ojos muy grandes de color ámbar y nariz extremadamente pequeña.

Gato blotched tabby observa a su presa con mucho sigilo.

Capas

Puede presentar gran variedad de colores, incluido el colorpoint; esto es debido a los cruces a los que fue sometido tras la Segunda Guerra Mundial con gatos de raza Persa, entre ellos el Himalayo. Cada pelo debe ser de color uniforme de la raíz a la punta, a excepción de los tabby y las variedades silver.

Este ejemplar blotched silver tabby precisa, al igual que todos los gatos de esta raza, cepillados frecuentes.

fuertes terminadas en unos pies redondos; la cola, corta y gruesa, está proporcionada con el tamaño del cuerpo. Su cabeza es grande y no presenta ángulos, sino que tiene contornos redondeados. Sus ojos destacan por su tamaño y por estar separados entre sí; los ojos pueden presentar infinidad de colores pero el más común es el verde, aunque algunos ejemplares pueden presentar disparidad de colores.

Gatita con capa calicó, que es el resultado de la combinación de la capa tortuga con el blanco.

CUIDADOS

Es una raza muy glotona y por este motivo tiene tendencia al sobrepeso. Aunque esta raza tiene un aspecto robusto, esta estructura debe ser consecuencia de la musculatura desarrollada y no por el exceso de

Ejemplar blue smoke. El British Longhair es una variante dentro de esta raza con el pelo semilargo.

Durante las épocas de muda del manto, habrá muchas pelusas en el suelo de la casa, por lo que la limpieza ha de ser máxima. Ejemplar shell o chinchilla.

El estándar de la raza aunque establece los patrones tortie, calicó y tabby, acepta los gatos British con manto chocolate tabby.

Colores

Monocolores: solo presenta un color en toda la longitud de cada pelo y en toda la superficie corporal. Los colores admitidos son: blanco, negro, azul, chocolate, lila, rojo y crema.

Bicolores: cualquier combinación de los mencionados anteriormente con el color blanco. Dependiendo del porcentaje de blanco se puede presentar la variedad van, arlequín o bicolor propiamente dicho.

grasa; debemos controlar su alimentación y en el caso de ver cierta tendencia a la obesidad debemos disminuir la cantidad de alimento o utilizar piensos *light*. También se puede fomentar la actividad estimulándolo con juegos para que gaste el exceso de calorías acumuladas.

Estadísticamente se ha comprobado que tiene mayor propensión que otras razas a la cardiomiopatía dilatada y a los tromboembolismos.

Necesita cepillados frecuentes para eliminar el abundante pelo muerto, sobre todo en periodos de muda ya que en estas épocas elimina gran cantidad del subpelo lanoso y pelo externo; en esta época es imprescindible administrarle malta para evitar los tricobezoares.

También es muy importante utilizar algún tipo de producto antiparasitario para eliminar pulgas o garrapatas, ya que en el pelaje tan denso es complicado localizarlas y siempre es mejor prevenir.

Los gatos con patrón colorpoint o siamés son aquellos que tienen manchas más oscuras en la cara, las orejas, la cola y las extremidades.

Este es un hermoso ejemplar con el patrón del manto en tonos crema.

Ejemplar lila. Existen piensos «light» para reducir la ingesta calórica. Y no conviene darles el llamado alimento húmedo porque suele ser muy graso.

CARÁCTER

Algunos criadores del British afirman que el carácter de esta raza depende en gran medida del color de su manto, y aseguran que los que tienen capa azul son testarudos, los plateados son sensibles y los tabby son juguetones y muy activos.

Pero en general esta raza es equilibrada y afectuosa con cierta independencia que la utiliza en algunos momentos y se retira discretamente a su rincón favorito; puede ser reservado con los

Ejemplar con «point» (puntos) con patrón tabby y con el resto del cuerpo en color más claro. Representa el llamado patrón siamés o colorpoint.

Este tabby en tono chocolate es muy jugueton y destaca por su actividad intensa.

Las variedades tipped tienen los colores permitidos de los unicolores y tortie con el añadido del plateado y el tipped dorado.

Ejemplar de un British Longhair o pelo largo de la variedad mackerel tabby.

extraños o con situaciones que no le resultan agradables. Se adapta perfectamente a la vida en el interior pero no debemos olvidar

Gato silver tabby blotched con el clásico dibujo de líneas circulares en los flancos semejantes a las alas de una mariposa.

que se trata de un cazador temperamental y por lo tanto disfrutará de incursiones en busca de alguna presa; por ese motivo, en el caso de que viva en el interior, debemos utilizar juguetes que se asemejen a sus víctimas, como ratoncitos, cajas sonoras, etc.

Tiene gran temperamento y también es muy activo en determinados momentos, pero no le

gusta jugar cuando él no quiere. Es adecuado para convivir con niños debido a que al ser tan independiente nunca se aproximará demasiado a ellos y, en el caso de verse sorprendido, huirá a territorios más seguros. No es una raza egocéntrica, por lo que es fácil su convivencia con otro tipo de mascotas.

ALIMENTACIÓN

Debemos huir de los alimentos húmedos por tener mayor cantidad de grasas. Es preferible el alimento

Patrones

Tortie o tortuga: combinación de dos colores pero siempre uno de ellos es la base y el segundo se presenta como pinceladas sobre el color base. Dependiendo del color de base podemos encontrar: black tortie, chocolate tortie, blue tortie y lilac tortie.

Calicó: tortie combinado con blanco.

Tipping: donde podemos encontrar los mismos colores que en las capas sólidas y tortie, pero añadiendo el tipped dorado y el plateado (smoke).

Tabby: todos los tabby normales, como el atigrado, clásico, etc., pero además pueden presentar la variante silver tabby.

Colorpoint: también conocido como patrón siamés, consiste en manchas oscuras en los denominados «point» o puntos en las orejas, cara, extremidades y cola, siendo el resto del cuerpo en tono más claro; el patrón colorpoint puede estar compuesto por cualquier color sólido o cualquier otro como tortuga o tabby.

Dos claros ejemplos de gatos con patrón tabby, a los que conviene dar malta en las épocas de muda del manto porque así se evitará la formación de los tricobezoares o bolas de pelo. A la izquierda, un brown blotched tabby, y abajo, un silver spotted tabby.

Este ejemplar tricolor tiene un bonito tono de ojos que combina con su manto.

seco equilibrado especial para felinos en el que encontramos todos los nutrientes necesarios para mantenerlo en perfectas condiciones.

En cuanto a la elección del alimento seco para esta raza, debemos asegurarnos de que los porcentajes proteicos sean los adecuados (32%) para el correcto mantenimiento de su fuerte musculatura.

También debe tener los minerales necesarios que garanticen el mantenimiento en condiciones de su fuerte osamenta. Por estos motivos elegiremos alimentos de alta gama.

Se debe tener en cuenta que su manto es impermeable, lo que se consigue mediante la ingesta de cierta cantidad de grasas, por lo que debemos incluir un porcentaje de esta en su alimentación, siempre y cuando nuestro ejemplar tenga acceso al exterior para hacer ejercicio y no sufrir sobrepeso.

Esta raza es muy robusta y resistente a las inclemencias porque en su origen vivía cazando roedores y otros animalitos en las calles de las ciudades y en el campo, como le sucede a este gato tricolor.

La raza British, como este ejemplar tricolor, tanto la variedad de pelo largo como la de pelo corto, sufre más casos de cardiomiopatías y tromboembolias que otras razas.

Como muchas otras razas de gatos, suelen ser bastante independientes, pero también muy afectuosos. El tortie es un patrón muy habitual en las razas de gatos.

Burmese

Los precursores de esta raza eran venerados como divinidades en los monasterios birmanos. Existen manuscritos de los siglos XIV y XV donde estos gatos están representados y tienen gran semejanza con el actual Burmese. Esos gatos eran de color marrón y recibían el nombre de Rajahs. La nueva raza se creó gracias a la intervención de los americanos en los años treinta y fue mediante el cruce de una hembra oriunda de Birmania (actual Myanmar) de color café casi caoba, con ojos amarillos, con un Siamés de capa seal (chocolate) point. El resultado fue una camada de gatitos con diferentes colores: algunos presentaban el tono marrón oscuro y otros café sólido. Se seleccionaron los de color marrón y se volvieron a cruzar con su madre y el resultado fueron dos gatos unicolores de color marrón; estos fueron los dos primeros ejemplares de esta raza que fue reconocida por la CFA en el año 1936. Los Burmese llegaron a Inglaterra en el año 1949 y fueron expuestos por primera vez en Londres en 1952.

Es una raza de las más utilizadas en la creación de otras nuevas, como el Bumilla (Persa con Burmese), el Tonkinés (Burmese con Siamés). También ha intervenido en la mejora de algunas razas, como en el caso del American Shorthair.

Manto

Muy corto, fino, muy denso y al tacto muy sedoso y de aspecto brillante. Al carecer de submanto se encuentra muy pegado al cuerpo.

El color del manto sigue el patrón siamés, lo que quiere decir que la mayor pigmentación se encuentra en los llamados «point», que se localizan en la región facial (máscara), orejas, cola y al final de las extremidades, siendo de coloración intermedia en el dorso y los flancos y más atenuado en el vientre y zonas bajas interiores.

Orejas medianas con base ancha y puntas redondeadas, erguidas y dirigidas hacia delante.

Sus pómulos están muy marcados y el mentón es redondeado.

Cabeza corta, en forma triangular; en la variedad americana es algo más redondeada.

Cola recta y moderadamente larga, fina y muy articulada.

Extremidades finas y musculosas, más altas las posteriores, con pies pequeños y ovalados.

Origen: Estados Unidos	
Tipo: medio	
Peso: entre 4 y 7 kg	
Manto: corto, denso, brillante, muy fino y pegado al cuerpo	
Capa: colores admitidos marrón, azul, chocolate, lila, rojo, crema y tortuga	
Vida: entre 9 y 18 años	
Carácter: cariñoso, inteligente, adaptable	
Mantenimiento del manto: cepillados espaciados	
Alimentación: alimento seco equilibrado	
Cuidados especiales: limpiezas de boca por su tendencia a la acumulación de sarro	
Enfermedades asociadas: deformidad craneal hereditaria y formación de quistes dermoides, tendencia a la acumulación de sarro y gingivitis	

MORFOLOGÍA

Tiene un cuerpo de tamaño medio, musculoso y siempre exento de grasa, con pecho redondeado, cuello largo y extremidades relativamente finas y delgadas. Su cabeza es corta, orejas de tamaño mediano, ojos muy vivos y luminosos. En definitiva, el Burmese tiene una constitución atlética y fuerte debido a que posee una poderosa osamenta, con curvas redondeadas que llegan a conferir un aspecto elegante.

Existen dos variedades dependiendo de la línea de la que procedan. En la actualidad existen la línea americana (los ejemplares son de talla mediana, bastante robustos y de cabeza redonda) y su línea inglesa (son más esbeltos y la cabeza tiene forma triangular). Sean de la línea que sean, la cabeza siempre tiene que ser más corta que la del Siamés; la forma de los ojos también supone una diferencia dependiendo de su origen: en los americanos siempre deben ser redondeados, mientras en la línea inglesa y resto de federaciones son más ovalados. Ambas variedades tienen los ojos de color amarillo intenso que lo diferencian del Siamés.

Ejemplar de color red tabby con ojos en tono verde.

Aunque el aspecto es muy similar al Siamés, el Burmese se diferencia por tener siempre los ojos de color amarillo.

Las extremidades del Burmese son largas y musculosas con pies pequeños y ovalados.

Colores

Los colores admitidos para los «point» son el marrón, azul, chocolate, lila, rojo, crema y los tortie en todas sus presentaciones, como negro, marrón, azul y lila. Existen cuatro variedades básicas en cuanto al color del manto:

Marrón: denominado «brown» en Inglaterra o «sable» en Estados Unidos y siempre se presenta en color marrón oscuro.

Azul: también denominado «blue», se trata de un gris plateado.

Chocolate: puede presentarse en color chocolate champaña y chocolate con leche.

Lila: (lila, platino): gris paloma o gris rosado pálido.

Existen otras variedades más recientes que solo están reconocidas en Europa, como son la variedad red (melocotón), cream (crema), tortie (tortuga) y silver (plata). En Inglaterra se reconocen todas las variedades que presentan tortie, pero en Estados Unidos solo se considera Burmese a la variedad chocolate, y a todas las demás variedades se les considera de raza Malayo.

Los gatos de esta raza son muy inteligentes y obedientes, por lo que es sencillo enseñarles trucos y juegos.

CUIDADOS

La variedad americana de esta raza puede sufrir problemas de deformidad craneal hereditaria que produce la muerte de los cachorros afectados.

En ambas variedades son frecuentes la formación de los denominados quistes dermoides en la córnea, que precisan de una cirugía simple. También tienen mucha tendencia a la acumulación de sarro y como consecuencia gingivitis; por este motivo debe pasar revisiones periódicas veterinarias y en el momento en el que observemos la acumulación del sarro debemos hacer una limpieza de boca.

En cuanto a su manto, es suficiente con cepillarlo de vez en cuando para mantenerlo en perfectas condiciones. Para aumentar el brillo simplemente

La capa del Burmese es colorpoint, teniendo los denominados puntos o «point» en color oscuro y el resto del cuerpo en tono más claro.

Los cachorros de esta raza tienen un color diferente al de los adultos, con el cuerpo más claro, algunas marcas atigradas y máscara oscura.

ALIMENTACIÓN

No es una raza exigente en cuanto a la alimentación que necesita, pero como todos los gatos domésticos requiere una alimentación que le aporte todos los nutrientes imprescindibles para su correcto desarrollo y posterior mantenimiento.

Precisa un alimento seco que resulte equilibrado con el adecuado porcentaje de proteínas que le permitan mantener su poderosa musculatura, y que también contenga minerales y vitaminas en proporción adecuada. Si la alimentación no es la apropiada, puede que su manto se vea afectado y pierda calidad.

podemos pasar una gamuza cada cierto tiempo.

CARÁCTER

Es un gato dotado de gran inteligencia y también es muy obediente, por lo que es muy sencillo enseñarle trucos y juegos complicados; en este aspecto muchos criadores y propietarios consideran a esta raza un «gato-perro».

Se trata de una raza extremadamente cariñosa, que necesita mimos y aguanta mucho tiempo recibiendo caricias. Por este motivo la raza de gatos Burmese es muy adecuada para estar con los niños pues soporta todos sus mimos, nunca saca las uñas y al ser un gato muy activo puede pasar horas y horas jugando con los más pequeños.

El gato Burmese tiene la particularidad de que disfruta con los viajes, cosa que resulta muy rara en los gatos domésticos, que suelen aborrecerlos porque no soportan los cambios. Pero esta raza realmente se deleita con ellos y es un compañero ideal de viaje.

También es muy dependiente de su propietario y reclama su amenudo su compañía llegando resultar muy absorbente, por lo que no es una raza recomendada para personas que no pasen mucho tiempo en el hogar.

Dos ejemplares con capa azul y chocolate; esta última es la única aceptada en Estados Unidos, donde las demás variedades son denominadas de raza Malayo.

Es una raza muy sensible al frío y los «point» coinciden en las zonas donde hay mayor pérdida de calor. Ejemplar de color lila.

Chartreux o Cartujo

Sobre su procedencia hay distintas teorías. Una afirma que fueron introducidos en Francia por comerciantes en navíos desde Turquía e Irán; otra hipótesis es la que indica que fueron criados por monjes cartujos en un monasterio de Grenoble, famosos por elaborar el conocido licor denominado Chartreuse. Esta última teoría tiene cierta lógica debido a que en estos monasterios eran los lugares donde se conservaban y elaboraban los manuscritos y libros de esa época, y muchos incunables eran destruidos por los ratones. Por esta razón era muy frecuente la presencia de gatos para intentar acabar con ellos.

Lo que sí es cierto, y existen documentos que lo acreditan, es que en el siglo XVI ya existían gatos con pelaje azul que eran utilizados como animales de peletería y sus pieles eran utilizadas para realizar determinadas prendas militares debido a la semejanza de su pelaje con el de la nutria. También existe un tejido denso de lana denominado «chartreux».

Hasta el siglo XX no fue adoptado como animal de compañía. Fue en el año 1925 cuando se procedió a la cría y selección de estos gatos, cuyos progenitores habían sido animales callejeros. En 1939 se definió su estándar, pero en los años sesenta la raza estuvo a punto de desaparecer debido a que al ser muy pequeño el número de ejemplares y para evitar la consaguinidad se cruzó con el British azul, por lo que se llegó a alterar su estándar. La FIFe

Orejas de tamaño medio, inserción alta, forma ligeramente acampanada.

Ojos grandes y redondeados, ligeramente oblicuos y siempre de color amarillo, dorado o cobre.

Carrillos medianamente desarrollados, llenos y bajos.

Cabeza ancha con forma de trapecio invertido, cráneo ligeramente redondeado, con un espacio plano entre las orejas.

Manto y color

Su pelaje es corto, denso, apretado, con abundante lanilla interna que le confiere un aspecto afelpado y separado del cuerpo; el pelaje es totalmente impermeable al agua y aislante del frío permitiendo que conserve el calor corporal.

El color del manto es siempre en azul, pero se permite cualquier sombreado que puede oscilar entre el color ceniza y el plateado, siendo mucho más valorados aquellos ejemplares que tienen el tono plateado brillante. Su piel siempre está coloreada en tonalidad azul.

Cola de longitud media, ancha en la base y afinándose hacia la punta, que es redondeada.

Origen: Francia	
Tipo: medio-grande	
Peso: entre 4 y 7,5 kg	
Manto: doble. La capa externa es corta, densa, brillante y sedosa; la interna, con gran cantidad de lanilla	
Capa: azul en varias tonalidades	
Vida: de 8 a 16 años	
Carácter: independiente, poco activo, reservado, cariñoso	
Mantenimiento del manto: cepillados con carda para arrastrar su abundante lanilla	
Alimentación: alimento seco equilibrado	
Cuidados especiales: vigilar la excesiva producción de cera de los oídos	
Enfermedades asociadas: luxación de rótula, obesidad, otitis	

Los cachorros tienen dibujos atigrados pero en medio año estos desaparecen. La intensidad del color de los ojos también disminuye con la edad.

pretendió unificar ambas razas, pero los puristas se opusieron a esta decisión y consiguieron en el año 1977 crear un nuevo estándar y se separaron las dos razas. Aún así el British siguió hibridando al Chartreux hasta que en el año 1989 quedó prohibido definitivamente el mestizaje de ambas razas.

MORFOLOGÍA

Es una raza de tipo medio-grande, con un aspecto físico poderoso, con gran envergadura y muy musculado, con poderosa cabeza con gran desarrollo de los músculos de las mejillas, por lo que el aspecto es de gran potencia. Sus extremidades son cortas en proporción con el cuerpo, con fuerte osamenta y muy musculadas, con almohadillas pequeñas. La cola es ancha en su base y afinándose hacia la punta.

Es una raza que madura despacio y tarda cerca de tres años en presentar el aspecto robusto del ejemplar adulto. También tardan unos dos años en desarrollarse y hasta entonces tienen otro aspecto.

El Chartreux es una raza que presenta un fuerte dimorfismo sexual, siendo el tamaño del macho mucho mayor que el de la hembra. Los machos también tienen un pecho más profundo que las hembras.

Sus ojos dorados son los que lo diferencian de otras razas que tienen su misma capa, es decir, el color del manto azul, como el Ruso Azul y el gato Korat.

Esta raza está protegida por un manto corto, denso e impermeable y siempre presenta una coloración azul y sus ojos son de color dorado. A pesar de su aspecto robusto, es una raza dotada de gran agilidad y espectacular belleza.

Sus oídos deben limpiarse con regularidad porque segregan más cantidad de cera que otras razas de felinos.

CUIDADOS

Es una raza que en general goza de excelente salud y se caracteriza por mantenerse perfectamente a pesar del paso de los años. Su único problema es que puede tener tendencia a la obesidad si vive en el interior. Presenta un problema de origen genético que tiene gran incidencia y es la luxación de rótula, pero se resuelve fácilmente con cirugía.

También tiene un pequeño problema con una solución sencilla y es que produce mucha más cantidad de cera que otras razas. Hay que limpiar con cierta frecuencia sus oídos para evitar posibles infecciones, y si notamos en algún momento que sacude mucho la cabeza o tiende a rascarse los oídos violentamente, debemos acudir al veterinario.

Por lo demás necesita los mismos cuidados que el resto de los gatos domésticos. Será necesario desparasitarlo regularmente para evitar los parásitos internos. Debemos cumplir el calendario de vacunas que esté estipulado en nuestro lugar de residencia para evitar ciertas enfermedades y también será necesario protegerlos

Uno de los problemas asociados a esta raza es la luxación de rótula, para cuya solución es necesaria la cirugía.

El Chartreux no es una raza muy longeva ya que su vida media oscila entre los 8 y los 16 años, siendo la primera cifra una edad muy corta para un felino doméstico.

contra parásitos externos como pulgas y garrapatas. Se debe cepillar su espeso manto con una carda para poder arrastrar los pelos muertos y evitar que los ingiera al lamerse; podemos facilitar su eliminación mediante preparados de malta.

CARÁCTER

No es un gato muy activo, por lo que no juega en exceso y no desarrolla gran actividad; es una raza adecuada para personas que coincidan con su temperamento, es decir, que sean tranquilas y algo sedentarias.

Es independiente pero muy dulce y cariñoso con su familia. Es reservado con los extraños e incluso

Destacan en el Chartreux las almohadillas donde se insertan los bigotes, y los pinch muy pronunciados que le confieren una expresión sonriente.

puede mostrarse algo territorial con ellos; es educado y calmado en el interior, pero si tiene posibilidad de salir al exterior se muestra como un implacable cazador en el momento que descubre una posible presa.

ALIMENTACIÓN

Goza de un excelente apetito y no es nada exigente. Pero debido a que se trata de una raza que madura lentamente (tarda de dos a cuatro años en conseguir el aspecto de un gato adulto), debemos darle durante

los primeros años alimentos secos con alto porcentaje de proteínas para favorecer la formación de su fuerte musculatura. Una vez que consigue su completo desarrollo le suministraremos piensos de mantenimiento.

Este es un gato poco activo, adecuado para personas que tengan un temperamento parecido, es decir, tranquilas y sedentarias.

Orejas de tamaño medio y forma acampanada, dirigidas hacia delante dando la sensación de estar siempre alerta.

Se caracteriza por su expresión risueña debido al gran desarrollo de las almohadillas donde se insertan los bigotes.

Cornish Rex

Esta raza es fruto de una mutación genética que produce un pelaje rizado en los ejemplares que portan y manifiestan esta mutación en su fenotipo; este gen confiere a estos ejemplares un aspecto muy especial y extraño en los felinos domésticos; el término «rex» le fue asignado a esta raza por la semejanza de su pelaje con una raza de conejos que presentan la misma mutación y por lo tanto igual pelaje rizado muy cerrado.

El Cornish Rex nació en Inglaterra en los años cincuenta, y sucedió de manera fortuita cuando en una camada apareció un cachorro que era el único que presentaba esta anomalía en su manto. Este cachorro fue hibridado con Btitish Shorthair y también con gatos Birmanos y de esta manera comenzó el nacimiento del Cornish Rex.

A finales de los cincuenta esta raza fue exportada a los Estados Unidos, donde se han desarrollado de diferente manera a los británicos, siendo estos más fornidos y los americanos con formas más

delicadas, con espalda curvada, extremidades más finas e incluso con el pelaje es menos denso. La raza fue aceptada por la asociación de criadores de gatos en 1962 en Inglaterra, lo que supuso un espaldarazo para su desarrollo.

Manto

Su pelaje es fruto de una mutación que produce ondulaciones o rizos en toda su superficie corporal. Es corto, denso, dando la impresión de tener una textura áspera, pero la realidad es que al tacto es suave y aterciopelado, siendo más afelpado en la variedad británica.

Cabeza mediana y con mentón firme, perfil recto, cráneo chato, nariz recta con bigotes largos y rizados.

Orejas grandes y anchas en la base, puntas redondeadas e implantadas altas.

Ojos de tamaño mediano y de forma almendrada, brillantes, limpios y expresivos.

El color de la nariz depende de la coloración del manto.

Cola fina y larga con una ligera curvatura en la punta.

MORFOLOGÍA

El Cornish Rex se caracteriza por tener una cabeza con forma ovoide y relativamente pequeña en proporción con el tamaño del cuerpo, con grandes orejas y pómulos altos, nariz aguileña, con puente alto y barbilla fuerte y con bigotes largos. Sus ojos son de forma ovalada y con una mirada brillante e intensa que es una de sus características más llamativas de esta raza.

Su cuerpo es longilíneo, delgado pero musculoso, con un cuello esbelto que contribuye a dar la forma estilizada a su silueta. Tiene unas extremidades largas y delgadas.

Como su manto es corto pierde gran cantidad de calor corporal, por lo que con temperaturas bajas pueden tener problemas respiratorios.

Su manto tiene el pelo corto y suave con ondulaciones semejantes a las del Astracán o Karabul y puede presentar más de cuarenta colores y patrones diferentes.

CUIDADOS

Esta raza posee una alta temperatura corporal y debido a su manto, que es de pelo corto y de escasa densidad, pierde gran cantidad de calor corporal, por todo esto es una raza que tiene gran facilidad para sufrir problemas respiratorios en climas y ambientes fríos, por este motivo elegirá aquellos lugares que sean más

Ejemplar de color chocolate. A pesar de su manto no es una raza hipoalergénica. La responsable de las alergias de los felinos es una proteína que se encuentra en su saliva y el Cornish la tiene.

La capa arlequín que presenta este ejemplar es de las más solicitadas en esta raza.

Origen: Inglaterra	
Tipo: mediano	
Peso: entre 2,5 y 4,5 kg	
Manto: pelo corto formando ondas	
Capa: se admiten todas las capas y patrones	
Vida: entre 9 y 18 años	
Carácter: inteligente, curioso, cariñoso	
Mantenimiento del manto: limpieza del exceso de grasa y no cepillar para no romper la honda	
Alimentación: alimento seco equilibrado	
Cuidados especiales: limpieza del exceso de grasa del cuerpo y precaución con el frío	
Enfermedades asociadas: hipotricosis	

Capas

Monocolor: esta raza admite todos los colores.

Bicolor: admite todos los colores y patrones posibles, pero las variedades más demandadas o solicitadas son las que contienen blanco. Entre las más solicitadas destacan las variedades van y arlequín:

- **Van:** esta capa solo presenta color en la cola y algunas manchas dispersas sobre la cabeza y solo se admite como máximo alguna pequeña mancha sobre el cuerpo.

- **Arlequín:** el color blanco se encuentra mayoritariamente sobre vientre, cabeza y extremidades. El resto del cuerpo está coloreado en pequeños parches de cualquier color y patrón.

El gen que produce el manchado en blanco es de carácter dominante. Se denomina Piebald Spotting y es el responsable de las dos capas anteriores.

Posee una mirada muy intensa y la emplea para comunicarse con sus propietarios.

cálidos dentro del hogar, cuando las temperaturas llegan a ser muy bajas, no resultará difícil encontrarlo durmiendo debajo de edredones o mantas buscando el calor que necesita su cuerpo.

También tiene una excesiva producción de grasa que resulta muy evidente en la zona de cola y en las orejas. Se deben limpiar estas zonas con bastante frecuencia para que no llegue a acumularse en exceso y, debido a la oxidación de las mismas se produzca mal olor, y también para evitar dermatitis debido a la falta de oxigenación de la piel.

En esta raza resulta fácil encontrar una afección de carácter hereditario que produce áreas aisladas del cuerpo con menor densidad capilar e incluso algunas

Cornish Rex de color lila en el que se aprecia muy bien la onda que producen sus rizos.

Ejemplar bicolor con ojos azules que contrastan con su pelaje.

Ejemplar de color negro. El tamaño de las orejas del Cornish Rex es totalmente desproporcionado con el tamaño de la cabeza, y se puede observar en sus amplias bases.

zonas calvas; a esta alteración se la conoce con el nombre de «hipotricosis», también tiende a una mayor propensión de sufrir en su nacimiento hernias inguinales que se resuelven con una cirugía. Por lo demás es una raza dura y resistente, que se mantendrá en unas condiciones optimas aplicando las vacunas reglamentarias y teniendo en cuenta desparasitarlo contra ecto y endoparásitos.

En cuanto a la higiene básica será suficiente pasar un guante por su pelaje con cierta regularidad. También es recomendable los baños con cierta frecuencia para poder eliminar bien el exceso de grasa que

Este cachorro de gato Cornish Rex empieza su andadura en el mundo con las características físicas propias de su raza.

produce, pero debemos utilizar los cosméticos adecuados para que no se produzca un efecto rebote en su manto.

CARÁCTER

Es una raza muy sociable, juguetóna, simpática y bastante activa, es un excelente compañero de juegos para los niños. Debido a su gran vocalización, al igual que el gato Siamés, se expresa y se comunica mediante maullidos y los utiliza empleando diferentes

modulaciones según lo que quiera reclamar. Debemos que evitar que estos maullidos sean exagerados y corregirlos desde que es cachorro en la medida de lo posible.

Resulta ser muy inteligente y cariñoso, pero en ocasiones llega a

Ejemplar arlequín azul y blanco con sus orejas enormes siempre alerta.

No debemos utilizar cepillos o peines para su manto. Si lo hacemos, lo único que conseguiremos será abrir el rizo y arruinar la onda. Ejemplar bicolor van.

Ejemplar bicolor azul y blanco. El Cornish Rex es una de las razas de gatos domésticos que pierde menos pelo, por lo que es muy adecuado para la vida en el interior.

Probablemente este ejemplar de patrón calicó está observando a su próxima víctima durante su momento de caza.

Es un gato muy curioso, seguro de si mismo y dotado de una gran agilidad, todo esto resulta ser la mezcla perfecta para que pueda pasarse gran parte del día curioseando y husmeando por todos y cada uno de los rincones de la casa pero es sumamente cuidadosos con los objetos que hay en ella.

Su curiosidad también es la responsable de que nunca manifieste desconfianza ante los extraños y acudirá rápidamente a investigar en cuanto suene el timbre de la casa.

necesitar ciertos momentos de independencia que nosotros tenemos que respetar, luego volverá con nuevas fuerzas a reclamarnos caricias o juegos. También uno de sus deportes favoritos es subirse a nuestros hombros y permanecer allí observando todo lo que sucede a su alrededor tanto tiempo como se lo permitamos.

Ejemplar azul de Cornish Rex con sus carcaterísticos ojos con forma almendrada.

Ejemplar tabby bicolor observa algo con detenimiento ya que la raza Cornish Rex es especialmente curiosa.

Esta raza participará de los juegos que hagan los niños en el hogar.

Disfruta de la compañía de otras mascotas y jamás creará problemas con ellas, pero él siempre será el centro de atención debido a su temperamento amable y juguetón que no decae nunca.

ALIMENTACIÓN

Debe tomar un alimento seco equilibrado que sea adecuado para los felinos domésticos. Esta raza se caracteriza por tener un apetito voraz, por este motivo debemos cuidar su ración diaria para evitar la obesidad y por lo tanto debemos encontrar la cantidad diaria para cubrir sus necesidades pero sin que le produzca sobrepeso ni exceso alguno de grasa.

El apetito feroz que caracteriza a esta raza es debido a que su metabolismo es muy alto y esto es una consecuencia lógica debido a la alta temperatura corporal que tiene esta raza, por este motivo, la única complicación en cuanto a su alimentación es encontrar la ración justa que necesita nuestro animal de compañía para su correcto mantenimiento y encontrar el equilibrio para evitar el indeseable sobrepeso.

Patrones

Tabby: es uno de los patrones más antiguos de los felinos. Pueden mostrar diferentes dibujos dependiendo de la diferente coloración de cada pelo:

- **Tabby blotched o veteado:** dibujos similares a alas de mariposa sobre los flancos.
- **Tabby mackerel o atigrado:** con las características líneas atigradas.

Colorpoint: es el denominado patrón siamés, que consiste en pigmentaciones más oscuras en los denominados puntos o «point» (cara, orejas, cola, extremidades) y en el cuerpo un tono más claro. Existe infinidad de colores admitidos para los puntos y también diferentes patrones y dibujos.

Tortie o tortuga: se entremezclan dos colores bien definidos y repartidos en todo el cuerpo.

Calicó: son los dibujos formados por las capas tortie y el color blanco.

Tipping (tipped): solo las puntas (tip) del pelo tienen color; la base es clara o despigmentada.

La capa denominada calicó en Estados Unidos es la combinación de tortugas con el color blanco (tricolor).

Ejemplar con patrón siamés (colorpoint) donde podemos apreciar la coloración más oscura en los denominados puntos.

Ejemplar tricolor con su estrecha y larga cola, en este caso de color negro.

Devon Rex

Esta raza fue descubierta en las minas del condado de Devon (Inglaterra) en el año 1960. Su peculiaridad se debe a su particular pelaje rizado, que es debido a una mutación genética que está regulada por un gen de carácter recesivo; por este motivo es difícil que se manifieste o se represente en su aspecto exterior (fenotipo), pero esto no quiere decir que no esté presente en su genotipo. Es decir, dentro de la misma camada, en el caso de que ambos padres tengan la mutación, pueden surgir ejemplares con un aspecto normal del pelaje y otros cachorros con la pelusilla característica del Devon Rex.

Es muy similar al Cornish Rex por el aspecto rizado de su manto, pero se diferencia en que el Devon Rex tiene muy poca pelusilla interna, el cuerpo es más alargado y también en que su cabeza es más larga y con el stop más pronunciado. En Estados Unidos el el Cornish Rex no se diferenció del Devon Rex hasta el año 1979.

Morfología

Es un gato de tamaño mediano con cuerpo alargado y musculoso, con extremidades arqueadas de tal manera que los codos quedan pegados al cuerpo mientras que sus

Manto

El aspecto rizado de su manto se debe a un gen recesivo que produce rizos y ondulaciones en toda su superficie corporal. Pero la distribución depende de la región anatómica del cuerpo, siendo más denso en lomo, flancos, extremidades y cola. Esta ondulación es más evidente en aquellos lugares donde tiene mayor longitud el pelaje. Los bigotes y las cejas también deben ser rizados. El tacto del Devon Rex es similar al de la piel de melocotón.

Al tener el manto rizado hace que en distintas capas se resalte más el sombreado y también se producen alteraciones de los dibujos de los patrones. El aspecto general del manto de esta raza es muy similar al de una oveja mal trasquilada, pero como hemos dicho es muy suave al tacto.

Orejas con un exagerado tamaño, tienen una base muy amplia y están muy separadas entre sí y con la punta redondeada.

Ojos grandes y ovalados, separados y siempre luminosos. El color armoniza con el del manto.

Su cuerpo presenta una curvatura que va desde su cabeza hasta la base de la cola.

Cabeza característica en cuña. Forma desde la frente tres curvas marcadas cuando se observa de perfil.

La forma de la cara es ovalada, con mejillas llenas y mentón bien definido. La nariz está pigmentada en armonía con el color del manto.

Podemos observar la extraña silueta de esta raza que no se asemeja prácticamente a ninguno de los otros felinos domésticos.

pies se mantienen juntos formando una especie de O en las extremidades anteriores cuando están sentados.

Esta raza no tiene una apariencia agraciada ni elegante debido a la forma curvada de sus extremidades, que son muy delgadas. Tiene un caminar destartalado y un aspecto totalmente diferente al de los felinos domésticos.

Sus orejas están totalmente desproporcionadas con el tamaño de su cuerpo, y sus grandes ojos le dan una expresión singular, por lo que ha sido muy utilizado en películas relacionadas con la ciencia ficción, ya que ofrece una estampa muy divertida.

CUIDADOS

Es una raza que produce gran cantidad de cerumen, por lo que se deberán limpiar con mucha frecuencia sus oídos para evitar la aparición de otitis.

Esta raza presenta enfermedades genéticas asociadas como la denominada «miopatía del Devon

Origen: Inglaterra	
Tipo: medio	
Peso: entre 2,5 y 4,5 kg	
Manto: rizado sobre toda la superficie corporal, existiendo lugares donde es más denso; tiene una ligera lanilla interna	
Capa: todos los colores y patrones	
Vida: entre 10 y 15 años	
Carácter: muy cariñoso y dependiente de su propietario, aborrece la soledad	
Mantenimiento del manto: pasar una gamuza y no utilizar cepillos para no deshacer el rizo	
Alimentación: alimento seco equilibrado	
Cuidados especiales: limpieza regular de oídos y baños para eliminar el exceso de grasa que produce esta raza	
Enfermedades asociadas: hipotricosis, cardiomiopatía hipertrófica felina y miopatías	

Debido a su gran simpatía y su carácter alegre y juguetón, este gato es ideal para convivir con niños, ya que le encanta jugar, como le sucede a este ejemplar bicolor.

Tiene tendencia a lamerse demasiado, por lo que es muy propensa a provocarse calvas debido a que su folículo es más pequeño y los pelos muy frágiles.

Colores

Se admiten todos los colores y patrones, incluido el colorpoint, debido a que en sus orígenes se hibridó con ejemplares de la raza Persa. Por eso puede presentar capas monocolores en colores sólidos y sus diluciones, bicolores, tricolores, tortie, patrones tabby y patrón siamés o colorpoint.

Rex», que es una debilidad generalizada de la musculatura y en casos graves puede llegar a provocar la muerte del ejemplar. También puede presentar hipotricosis congénita, que produce menor cantidad de pelo e incluso calvas. Otra enfermedad asociada a esta raza es la cardiomiopatía hipertrófica congénita felina, que produce debilidad, falta de apetito y la muerte.

Otras patologías asociadas a esta raza son la luxación de la rótula y la displasia de cadera, que tienen mucha menor importancia que las anteriores desde el punto de vista médico.

En cuanto al cuidado de su manto, solo es necesario pasar un guante de vez en cuando y nunca utilizar cepillos o peines que lo único que harían sería abrir el rizo y romper la onda de su peculiar pelaje.

Es importante acostumbrarlo desde la infancia al baño debido a que en esta raza son necesarios

Ejemplar brown mackerel tabby. En este gato podemos apreciar la característica M sobre su frente.

A pesar de su aspecto frágil, es una raza que puede realizar auténticas acrobacias simplemente por el hecho de reclamar la atención de sus propietarios.

Ejemplar mackerel tabby bicolor. Debido a que el responsable del particular manto rizado que presenta es un gen recesivo, es necesario que ambos progenitores lo contengan en su genotipo.

para eliminar el exceso de grasa que produce su piel.

CARÁCTER

Debido a su gran simpatía, su carácter amable, alegre y juguetón, es una raza ideal para convivir en un hogar donde haya niños pequeños ya que le encanta jugar durante horas.

Por su carácter cariñoso y su necesidad de cariño, no es una raza muy recomendable para personas que tengan poco tiempo para dedicarle o que pasen pocas horas en su hogar. Son muy dependientes del amo y reclaman en todo momento su atención.

ALIMENTACIÓN

Es una raza que se caracteriza por su glotonería. Es recomendable suministrar alimento seco equilibrado que le proporcione todos los nutrientes necesarios para mantener sus estructuras en perfecto estado. Debemos vigilar su alimentación para que no padezca obesidad.

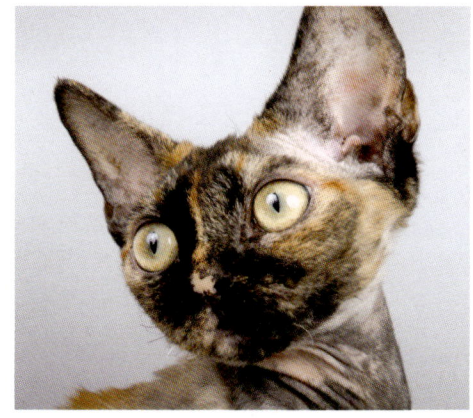

Capa tortuga marrón o también denominada tortie, que únicamente presentan las hembras.

El Devon Rex puede presentar hipotricosis congénita, que provoca escasez de pelo e incluso calvas.

Ejemplar con el típico patrón siamés, en el que apreciamos el color más oscuro de los «point» en comparación con el color más claro del manto.

Gato silver tabby. De todos los gatos domésticos, el Devon Rex es uno de los menos independientes que existen y necesita constantemente muestras de cariño para conservar su equilibrio.

Don Sphynx

Todo comenzó de manera casual cuando apareció una gatita calva. Se pensó que tenía alguna enfermedad dermatológica debido a la ausencia total del pelaje. Esta gatita tuvo una camada de cuatro cachorros; dos de ellos presentaban la misma alteración del manto que su madre y otros dos tenían el manto normal. Los propietarios de estos gatos seguían pensando que estos animales sin pelo estaban enfermos, por este motivo se querían deshacer de ellos; uno de ellos fue adoptado por un criador que se entusiasmó por la rareza de su manto y por el excepcional carácter de esta criatura e intentó reproducir sus peculiaridades conservando el carácter. De esta manera nació la raza Don Sphynx; a pesar de haber sido encontrada la madre en el año 1987, no fue reconocida por la TICA hasta el año 2005 y fue inscrito con el nombre Donskoy, lo que ha llevado a muchas confusiones. El responsable de esta mutación genética que produce esta alteración de la pérdida de pelaje es un gen dominante, esta es la diferencia fundamental con una raza muy similar denominada Sphynx: en esta última, el gen responsable de la ausencia de pelaje normal es de carácter recesivo.

MORFOLOGÍA

Su cuerpo tiene forma de pera, es de talla media, sólido y bien musculado. La espalda es recta y la grupa es más ancha que los

Cabeza en forma de cuña, con frente lisa.

Orejas grandes, con base ancha, redondeadas en la punta y separadas.

Ojos de tamaño mediano que resaltan sobre su cara desnuda, ligeramente oblicuos; se admiten todos los colores.

Hocico de longitud media y redondo, mentón firme y nariz de longitud media y recta.

Piel elástica, con abundantes arrugas entre orejas, grupa, extremidades y vientre.

Cola de longitud media, delgada y muy flexible.

Manto

Normalmente sin pelaje, pero este puede aparecer como un vestigio presentando distintas variedades:

Rubber bald: es totalmente calvo. Su piel da la sensación de ser de la textura de una goma de borrar.

Flor: sin pelo, con textura de ante suave, pero esta capa puede desaparecer y transformarse en calvo.

Velour: nacen con una ligera capa sobre la cabeza, luego se vuelve áspera y desaparece durante el primer año de vida, quedando de manera residual en la región facial, extremidades y cola.

Brush: solo pierden una parte de la capa, quedando el tipo de manto hirsuto, suave u ondulado y a menudo áspero con áreas de calvicie en la cabeza.

hombros. Sus extremidades son de longitud media, proporcionadas con el tamaño del cuerpo y terminan en pies de forma redondeada y con dedos largos (dedos de mono). Su cabeza es en forma de cuña y los arcos supraciliares y pómulos están muy desarrollados. La frente es plana, hocico redondo y nariz de tamaño mediano y forma recta. Sus orejas son grandes en proporción con su tamaño y con base muy ancha; entre ambas orejas tiene la piel con abundantes arrugas verticales. Su cola es larga y delgada, muy elástica y bien articulada.

Lo más característico de esta raza es la ausencia de pelaje. Algunos ejemplares pueden tener algún viso de pelo pero no supera los 2 cm de longitud como máximo. En esta raza se presenta un fuerte dimorfismo sexual, siendo los machos de estructura más fuerte y con mayor peso que las hembras.

CUIDADOS

Tiene un alto metabolismo y también es una raza que tiene la temperatura corporal más elevada que el resto de los gatos domésticos. Algunos estudios recientes indican que su alta temperatura corporal es la responsable de la resistencia que presenta esta raza a las infecciones. También parece que presentan inmunidad natural a algunas de las enfermedades de los felinos. Pero también es la responsable de su

La zona frontal entre las orejas está formada por muchos pliegues y arrugas.

Origen: Rusia	
Tipo: medio	
Peso: hembras entre 2,5 y 3,5 kg y machos entre 4 y 5 kg	
Manto: carece de manto o presenta ligera pelusilla	
Capa: todas las variaciones de color	
Vida: sobre 12 años	
Carácter: inteligente, equilibrado, muy activo, dócil, afectuoso, adaptable	
Mantenimiento del manto: limpieza con baños regulares	
Alimentación: alimento seco equilibrado, le encantan ciertos vegetales, frutas y pan	
Cuidados especiales: limpieza de oídos, protección de las quemaduras solares y del frío	
Enfermedades asociadas: raza en desarrollo, se están observando	

El Don Sphynx fue responsable de la formación de la raza Peterbald mediante su hibridación con el Siamés.

Tienen los dedos alargados, que reciben el nombre de dedos de mono, y tienden a tomar los alimentos con esta especie de manos.

gran sensibilidad al frío, a pesar de estar protegido durante las estaciones frías por una capa de grasa que hace de aislante y en cierta medida suple el pelaje.

Su piel requiere cuidados específicos debido a que se asemeja mucho a la piel humana; por este motivo es recomendable evitar las exposiciones prolongadas al sol porque pueden padecer quemaduras al igual que nosotros.

La limpieza de su piel se reduce a algunos baños, siempre con productos adecuados al PH de su piel para evitar problemas y aumento de la grasa debido al efecto rebote en el caso de utilizar productos que la sequen demasiado.

Los cachorros del Don Sphynx pueden nacer con los ojos abiertos, a diferencia de los demás felinos domésticos.

CARÁCTER

Es una raza muy sociable y disfruta de la compañía; por eso no soporta bien la soledad durante mucho tiempo. Debido a su alta sociabilidad no muestran recelo ante la presencia de extraños; son muy amables y tienen gran facilidad para adaptarse a cualquier tipo de ambiente.

También es una raza muy activa y juguetona, con una personalidad muy equilibrada. Pero son excesivamente curiosos, por lo que participarán en todas las actividades de la casa de una manera incansable.

Muy leales y dedicados a sus propietarios, a los que permiten hacer cualquier cosa con ellos, como el corte de uñas, que supone una gran batalla con otros gatos domésticos. También acepta con

Colores

Se admiten todos los colores y estos se adivinan mediante impresiones dibujadas en distintos tonos sobre su piel, que suelen ser más diluidos debido a su ausencia de manto. Se admiten los siguientes:

Monocolores: se aceptan negro, azul, chocolate, crema, canela rojo, lila y blanco.

Bicolores:

- **Bicolor estricto:** el blanco con cualquier color.

- **Van:** solo presenta color en las orejas y la cola, pudiendo tener alguna mancha pequeña en el cuerpo, pero no es recomendable.

- **Arlequín:** el color está distribuido en cabeza, cola y pequeñas manchas en el cuerpo

Es muy semejante al Sphynx, pero se diferencia de este en que el gen responsable de su falta de pelaje es de carácter dominante, mientras que en el Sphynx es recesivo.

agrado el baño debido a que le encanta el agua.

El Don Sphynx es muy inteligente y es capaz de obedecer a las órdenes verbales de sus amos, una auténtica rareza en un felino doméstico.

ALIMENTACIÓN

Debido a su rápido metabolismo y a la alta temperatura corporal necesita alimento seco equilibrado de alta gama. Como carece de manto, necesita más energía para conseguir elevar esa temperatura corporal; es necesario suministrarle mayor cantidad de alimento en relación con otras razas de su mismo tamaño. No suele presentar

Al ser un gato muy sociable, odia estar solo durante muchas horas y sufre mucho si así sucede.

problemas de obesidad debido a la gran actividad que desarrolla y al gasto energético que supone el elevar un grado la temperatura corporal desde el interior, sin contar con la ayuda del pelaje.

Es una raza que tiene gran pasión por alimentos que el resto no suele probar, como sandía, manzana, kiwi, maíz y también algunos que contienen hidratos de carbono, como los espaguetis o el pan, los cuales le aportan toda la energía que precisa para su déficit de temperatura corporal.

Patrones

Tabby: en todas sus variedades: ticket, spotted, mackerel, clásico, patrón birmano, tonkinés, etc.

Tortie: en todas sus presentaciones, y su combinación con blanco (calicó).

Colorpoint: capa denominada patrón siamés.

Este ejemplar lila hace gala de su gran curiosidad al intentar olisquear y observar algo que tiene cerca. La raza Don Sphynx suele ser muy juguetona y activa.

El patrón colorpoint o siamés es aquel en el que orejas, cola, extremidades y cara son más oscuras que el resto del cuerpo.

Europeo

Se denominan de esta manera a todos aquellos gatos que tienen pelo corto y que habitan en Europa e incluso fuera de ella, siempre que tengan vida doméstica. El origen de esta raza es algo incierto, pero se supone que fueron introducidos desde África por los romanos hace más de 2.000 años en el Viejo Continente.

El gato Europeo es una raza natural, lo que quiere decir que el hombre no ha intervenido en el cambio de su morfología, y se cree que es el precursor de todas las razas que pueblan el mundo.

Hasta hace poco era conocido como «gato común» y también recibía el apelativo despectivo de «gato callejero» debido a que la mayoría de ellos sobrevivían en las calles y parques de las zonas urbanas. Pero también era muy abundante en las áreas rurales,

donde a algunos ejemplares se les permitía un cierto acercamiento al hombre con el propósito de que acabara con las plagas de roedores que mermaban las cosechas y los almacenes de alimentos.

Manto

El pelo original es corto, fino, denso y compacto, con una densa capa de subpelo lanoso. El hecho de que la mayoría de los gatos Europeos presenten un manto corto se debe a que el gen que produce esta longitud es dominante. Por este motivo el porcentaje de esta variedad siempre es mucho mayor que el de pelo largo, que es debido a un gen de carácter recesivo.

Cabeza grande, ancha y de contornos redondeados debido a sus carrillos muy desarrollados, sobre todo en los machos.

Orejas de tamaño mediano, erguidas y separadas entre sí.

Ojos grandes y redondeados, separados y ligeramente oblicuos. El color debe armonizar con el del manto.

Cuello de longitud media y bastante musculoso.

Cola de longitud media, de base ancha pero afinándose progresivamente hacia la punta, que es redondeada.

Por su pasado callejero y por los innumerables cruces naturales entre los ejemplares que poblaban las calles, se habían perdido y casi llevado a la extinción las características primitivas que tenía esta raza cuando llegó a Europa de manos de los romanos, por lo que se decidió recuperar la primitiva morfología de este robusto y hermoso animal.

Con el gato Europeo ha sucedido exactamente lo mismo que con el Británico en Inglaterra, el American Shorthair en Estados Unidos y el Brazilian en Brasil entre otros.

MORFOLOGÍA

Es muy complicado establecer un estándar para esta raza porque durante mucho tiempo ha sufrido infinidad de cruces indiscriminados entre ellos, y también han existido hibridaciones con ejemplares de distintas razas no castrados que deambulan y vagabundean en épocas de celo libremente. Por esos motivos existe gran diversidad en su morfología y también podemos

Origen:	Europa
Tipo:	medio
Peso:	entre 3,5 y 6 kg
Manto:	corto, muy fino y sedoso, tiene una densa subcapa de lanilla
Capa:	todos los colores y patrones a excepción del chocolate, lila y el colorpoint
Vida:	de 14 a 16 años
Carácter:	independiente, curioso, receloso, amistoso con conocidos
Mantenimiento del manto:	cepillados ocasionales
Alimentación:	alimento seco equilibrado
Cuidados especiales:	no requiere
Enfermedades asociadas:	no presenta, únicamente las normales cuando envejece

Magnífico ejemplar que porta una capa bicolor red-tabby y blanco o un atigrado rojo con blanco. Podemos observar los característicos anillos en su cola y la M impresa en su frente.

Ejemplar blanco puro con ojos de color amarillo con la característica forma redondeada y ligeramente oblicua.

Ejemplar bicolor arlequín negro y blanco. Es fuerte, vital, muy activo e independiente, por lo que puede soportar sin problemas la soledad.

Hay teorías que afirman que en el origen del gato ahora llamado Europeo existió hibridación con el gato montés, y algunos ejemplares de esta raza se asemejan mucho en su morfología.

encontrar infinidad de colores y todo tipo de patrones que colorean su manto.

Podemos encontrar ejemplares con un cuerpo longilíneo, cuadrado, con aspecto corpulento o ligero, de extremidades fuertes o delgadas, largas o cortas, etc. Para evitar confusiones nos ceñiremos al estándar que cita la FIFe sobre el gato ideal Europeo: su cuerpo debe ser bastante alargado, fuerte y musculoso, ancho y bien desarrollado, sobre todo en el macho; sus extremidades son de longitud media, fuertes y sólidas y con pies redondos y robustos; su cuello es de longitud media y muy musculoso, con cabeza grande y ancha y de contornos redondeados, orejas de tamaño mediano y ojos grandes y redondeados en todos los colores siempre que armonicen con el manto.

Cuidados

Es una raza dura y muy resistente que no suele presentar enfermedades

Colores

La variedad de colores y patrones que presenta esta raza es infinita y únicamente no están permitidos el chocolate, lila y el patrón siamés o colorpoint, pero en los ejemplares de la calle no es raro ver algunos que portan los «point» e incluso los característicos ojos azules del Siamés. A continuación haremos un breve resumen de las capas más representativas de esta raza:

Monocolores: todos los pelos del ejemplar están teñidos desde la raíz hasta la punta en un mismo color que puede ser: negro, azul, rojo, crema, blanco.

Bicolores: cualquier combinación de los anteriores con el color blanco.

Ejemplar bicolor mackerel tabby. El gato Europeo también es conocido como gato común o gato callejero, ya que en su origen vivía en las calles de las ciudades buscando comida.

El gato Europeo es el precursor de muchas de las razas felinas actuales de América, adonde fue con los conquistadores, y también de las Islas Británicas, a las que llegó de mano de los romanos.

genéticas asociadas a la raza. En cuanto a los cuidados de su manto, es él mismo el que se encarga de acicalarse todos los días, pero nunca viene mal que nosotros le demos un cepillado cada diez o quince días, insistiendo en primavera y otoño; también en estas estaciones es conveniente que le proporcionemos preparados con malta.

Cuando llegan a edades avanzadas puede presentar problemas como la insuficiencia renal, miocarditis hipertrófica y ciertos tumores debido a la degeneración celular normal que se produce con los años.

Debemos vacunar y desparasitar a esta raza siguiendo las pautas que nos marque el veterinario de la zona donde residamos; él nos indicará cuál es el calendario adecuado para nuestra mascota para mantenerlo en condiciones saludables.

CARÁCTER

Es muy independiente, audaz e inteligente; este carácter se debe sobre todo a muchos años de vida callejera y a la dura supervivencia que esta conlleva. Es también muy intuitivo y observador, por lo que parece tener la habilidad de controlar el tiempo, pero esto

Espectacular cabeza perteneciente a un gato Europeo donde apreciamos su tamaño grande, de formas redondeadas y carrillos muy desarrollados e impresionante mirada.

Como a la mayoría de los felinos domésticos, el Europeo no soporta los viajes ni nada que signifique un cambio en su rutina, como le sucede a este ejemplar torie.

Para sentirse feliz este gato prefiere observar a sus propietarios a cierta distancia que las caricias que estos le puedan proporcionar.

Dentro de la gama de patrón tabby o atigrado, se aceptan para esta raza todo tipo de dibujos y coloraciones en la superficie del manto, como este gato blotched tabby.

Cuando la comida no le gusta o no le apetece, protestará insistentemente a su propietario con maullidos y miradas penetrantes.

también es fruto de su vida como animal callejero: tenía controlado cuándo el hombre se deshacía de los restos de alimentos que le sobraban y tenía que ser el primero en llegar para poder sobrevivir.

Es muy desconfiado con los extraños por haber sufrido durante mucho tiempo persecuciones por parte del hombre. No le gustan los cambios en el hogar ni en las rutinas, y le cuesta mucho adaptarse a todo esto; también es muy territorial y protector de su entorno.

Tiene un gran instinto predador y por lo tanto es un cazador nato, ya que la caza durante mucho tiempo fue su única manera de conseguir alimento para poder sobrevivir.

Cada gato tiene un carácter propio, pero la mayoría de ellos sabe apreciar los mimos y las caricias, pero solo durante un corto espacio

Ejemplar calicó. Debido a su pasado callejero, no es una raza que acepte bien la convivencia con otras mascotas, por lo que si han de estar bajo el mismo techo, conviene extremar la vigilancia.

Desde hace varios años se controla el estándar de la raza porque se habían perdido sus características originales debido a la enorme cantidad de cruces e hibridaciones con otras razas provocadas por su vida callejera.

Hermoso ejemplar con patrón del manto mackerel tabby y el color de ojos combinado con el tono del pelaje.

de tiempo; prefiere observarnos desde su lugar favorito y relajarse. No es una raza fácil para la convivencia con otras mascotas debido a su gran territorialidad, pero si se le educa desde cachorro no tiene ningún problema. Con los niños no presenta problemas debido a su desconfianza: nunca se aproximará más de lo necesario, pero sí se mantendrá a cierta distancia por la curiosidad que despiertan en él los ruidos, sean del tipo que sean.

Los ojos siempre son redondeados y han de combinar con el color del manto de cada ejemplar.

ALIMENTACIÓN

No necesita dieta especial pero es bastante exigente con los alimentos que le presentemos (parece que tantos años de mala vida han despertado en esta raza un exquisito paladar). En el caso de que el alimento no sea de su agrado, no dudará en declararse en huelga de hambre y a lo sumo se resignará a

comérselo poco a poco, pero nos dirigirá todo tipo de miradas y maullidos para hacernos sentir culpables.

El gato Europeo, como este tabby, es un cazador y predador excelente ya que genéticamente está preparado para ello. El de la imagen es un ejemplar brown blotched tabby.

El manto de esta raza es de pelo corto y muy compacto, con una capa de subpelo lanoso que le aporta cierto volumen.

Patrones

Tortie o tortuga: un color base y salpicaduras como pinceladas en otro color.

Tabby: cada pelo tiene distintas coloraciones, por lo que se forman dibujos en la superficie que pueden ser muy variados, como punteados, clásico, atigrados, etc.

Calicó: la combinación de un tortie con blanco. En Europa recibe el nombre de «tortie (color base) y blanco». El término calicó se utiliza en Estados Unidos.

Torbie: la combinación de tortie con patrón tabby.

Las capas que presentan tres colores (tricolores) siempre están relacionadas con ejemplares hembras. En el excepcional caso de que apareciera en un macho, este sería estéril.

Kurilian Bobtail

De esta raza hay referencias escritas que indican que tiene como mínimo una antigüedad de 200 años. Son gatos originarios de unas islas volcánicas denominadas Kuril pertenecientes a Rusia, por este motivo estuvieron durante mucho tiempo en el anonimato, hasta que en el siglo XIX algunos ejemplares fueron adoptados por personal destinado en las islas y llevados al continente.

El hecho de llegar al continente supuso para esta raza una gran difusión y también gran demanda debido a su particularidad de tener el rabo corto. Goza de gran popularidad entre la población rusa, pero desgraciadamente fuera de sus fronteras no es muy reconocido y solo existen 100 ejemplares en Estados Unidos y en Europa. Tampoco es una raza muy abundante ni conocida.

Afortunadamente, en la actualidad su popularidad está creciendo debido a que ha sido reconocido como raza y por tanto puede presentarse a exposiciones felinas, que es el escaparate que está utilizando esta excepcional raza para darse a conocer.

Cabeza de tamaño grande y forma trapezoidal, con contornos redondeados y pómulos bien desarrollados.

Orejas de tamaño medio, proporcionadas, con base ancha y puntas redondeadas y separadas entre sí.

Ojos de forma redondeada, separados y ligeramente oblicuos. El color puede oscilar entre el amarillo y el verde, y pueden ser azules o dispares en ejemplares de capa blanca.

Nariz amplia y de tamaño medio, con una pequeña hendidura en la base.

Cola característica de esta raza; tiene varios dobleces pero es flexible, con una longitud entre 3 y 8 cm.

Manto

El manto es doble con una capa interna de lanilla no muy abundante, y la capa externa es corta, fina y sedosa. En la capa se admiten todos los colores y patrones a excepción del chocolate, lila, canela, fawn y el patrón colorpoint.

MORFOLOGÍA

Dentro de la raza Kurilian Bobtail encontramos dos variedades, una variedad de pelo corto (shorthair) y otra de pelo largo (longhair), que solo se diferencian por la longitud de su manto. Ambas variedades comparten las mismas características morfológicas; la más importante es su peculiar cola corta y doblada sobre sí misma en dos o tres giros, de tal manera que se asemeja a un pompón o cola de conejo. Esta particularidad se mantuvo intacta debido a su aislamiento en las islas y también por el hecho de no haber sido hibridada con ninguna otra raza.

El tamaño de su cuerpo es de mediano a grande, con gran dimorfismo sexual, es decir, que el tamaño de los machos es mucho mayor que el de las hembras. También son en general de mayor tamaño los ejemplares domésticos, mientras que los que siguen

Su cuerpo es compacto y de fuerte estructura ósea, con la línea dorsal arqueada. Sus extremidades son largas y sólidas y los pies redondeados.

viviendo en estado salvaje son menores.

Su cuerpo es compacto y con fuerte estructura ósea, con la línea dorsal arqueada; sus extremidades son largas y fuertes, siendo más largas las posteriores que las anteriores; los pies son redondeados. Lo más característico de esta raza es su cola corta (bobtail) y con dobleces, cuya longitud puede variar entre 3 y

Origen: Rusia	
Tipo: medio-grande	
Peso: entre 4 y 6 kg	
Manto: doble: luce un pelaje muy denso, corto, fino y sedoso; la subcapa no es muy abundante	
Capa: todos los colores y patrones a excepción del chocolate, lila, canela, colorpoint y fawn	
Vida: de 12 a 18 años	
Carácter: inteligente, cariñoso, sensible, muy activo	
Mantenimiento del manto: cepillados, insistiendo en la época de muda	
Alimentación: alimento seco equilibrado, ocasionalmente algo de pescado	
Cuidados especiales: malta para evitar bola de pelo, vacunaciones y desparasitaciones	
Enfermedades asociadas: no presentan	

Es una raza equilibrada, inteligente, cariñosa, sensible y sobre todo aprende y comprende las normas de la casa. Es ideal para convivir con niños por su buen carácter.

8 cm y forma una especie de pompón. Cada ejemplar tiene una cola distinta con diferentes combinaciones de curvas y es como la huella dactilar y su signo de identidad.

Al Kurilian se le debe dar siempre alimento seco equilibrado a pesar de su gran afición por el pescado, el cual será un capricho de vez en cuando.

CUIDADOS

Disfruta de una buena salud y no presenta enfermedades asociadas con la raza. Es un gato muy resistente a las condiciones climáticas extremas.

Los cuidados del manto se reducen a cepillados esporádicos para eliminar el pelo muerto. Es importante insistir en la época de muda debido a que pierde parte de la lanilla interna y puede ingerirla en su acicalamiento diario; estos pelos se compactan en el intestino y forman bolas que pueden provocar graves problemas intestinales. Debemos administrar preparados de malta para evitar esta compactación.

CARÁCTER

Es extremadamente cariñoso, atento, juguetón y activo. Tienen la particularidad de jugar incluso con el agua y también son grandes cazadores y pescadores.

Muy cariñosos con sus propietarios, también suelen ser muy sociables con los extraños y acuden rápidamente ante su presencia reclamando su atención; esto es una auténtica rareza entre los felinos domésticos, pero también tiene un comportamiento poco habitual entre ellos y es que al Kurilian no le importan en absoluto los cambios.

Se trata de una raza muy inteligente y aprende con gran facilidad cualquier tipo de juego o

Dentro de los Kurilian Bobtail encontramos dos variedades, una de pelo corto, como este ejemplar red tabby, y otra de pelo largo, como el que está a su derecha de color negro.

Es de las pocas razas de los gatos domésticos en que el macho colabora con la hembra en el cuidado de los cachorros y su crianza.

las normas de la casa. Está dotado de gran sensibilidad, por lo que es capaz de detectar el estado de ánimo del propietario y actuar en consecuencia.

Esta raza tiene la particularidad de disfrutar con el agua, siendo un excelente nadador y pescador: le fascina de tal manera el agua que acude inmediatamente en el momento en el que escucha el sonido de un grifo abierto o la ducha, siendo uno de los pocos felinos que agradece un baño.

El Kurilian disfruta y necesita la compañía y aborrece la soledad prolongada. Por este motivo no es la raza más apropiada en el caso de personas que no pasen mucho tiempo en el hogar. Si no nos queda más remedio que pasar largas horas fuera de casa, es recomendable

buscarle un compañero, a ser posible de su misma raza.

ALIMENTACIÓN

No es nada exigente en cuanto a la alimentación, pero sí puede tener

El Kurilian es una raza denominada natural, es decir, no han intervenido en su formación otras razas ni tampoco la mano del hombre.

ciertos caprichos, como su pasión por el pescado, quizá una reminiscencia de su pasado isleño. Le podemos dar unos momentos de felicidad si de vez en cuando le ofrecemos una latita de atún al natural o un pescado cocido, nunca crudo.

Su dieta debe estar basada en alimento seco equilibrado que contenga todos los nutrientes necesarios para su correcto desarrollo mientras es cachorro, y posteriormente que consiga aportar todos los nutrientes en las proporciones adecuadas para su mantenimiento.

Gato bicolor black mackerel tabby y blanco. Los preparados a base de malta específicos para gatos evitarán que se formen bolas de pelo durante la época de muda.

Ejemplar de capa calicó de sexo hembra; esta capa es un tricolor, combinación de tortuga con el color blanco.

Mau egipcio

Durante la civilización egipcia el gato salvaje inició su convivencia con el hombre. La palabra «mau» significa «ver» puesto que se tenía la creencia de que los gatos veían más allá de la muerte. El gato Mau Egipcio llegó a Roma de manos de una princesa rusa y desde allí viajó a Estados Unidos en 1956. Fue en Italia donde se comenzó su cría selectiva y su difusión por Europa.

MORFOLOGÍA

Es una raza esbelta pero fuerte; su cuerpo es proporcionado y dotado de potente musculatura, con extremidades largas y fibrosas, siendo las traseras más largas y finas. Esta estructura ligera es la responsable de su gran agilidad y velocidad, necesarias para la caza.

CUIDADOS

Es una raza muy fuerte y resistente. Puede presentar propensión al asma, cardiomiopatía hipertrófica felina, tendencia a la luxación de rótula, y también son muy sensibles a los anestésicos y propenso a alergias medicamentosas.

CARÁCTER

Es curioso, cariñoso con sus propietarios, pero desconfiado con los extraños. Gran cazador y de fácil adaptación a cualquier ambiente, puede vivir perfectamente en el interior pero disfruta de escapadas

Manto y color

Su manto es corto, fino, brillante y muy resistente. La capa más abundante es el mackerel tabby o atigrado con la característica M impresa en la frente, spotted o moteado en color negro, marrón o gris, dependiendo del color del manto. Los colores aceptados son el plateado, bronce y humo.

al exterior para satisfacer sus necesidades de caza. No tiene problemas en quedarse solo en el domicilio habitual.

ALIMENTACIÓN

Como todos los felinos domésticos, precisa alimento seco equilibrado con alto porcentaje proteico para su correcto mantenimiento.

Origen: Egipto	
Tipo: medio	
Peso: de 2,5 a 4 kg	
Manto: corto, denso, brillante y suave	
Capa: muy variada, pero la más típica es la tabby	
Vida: de 9 a 15 años	
Carácter: independiente, desconfiado, cariñoso, cazador	
Mantenimiento del manto: simples cepillados	
Alimentación: alimento seco equilibrado	
Cuidados especiales: precaución con anestésicos y dosis de medicamentos	
Enfermedades asociadas: propensión al asma, cardiomiopatía hipertrófica	

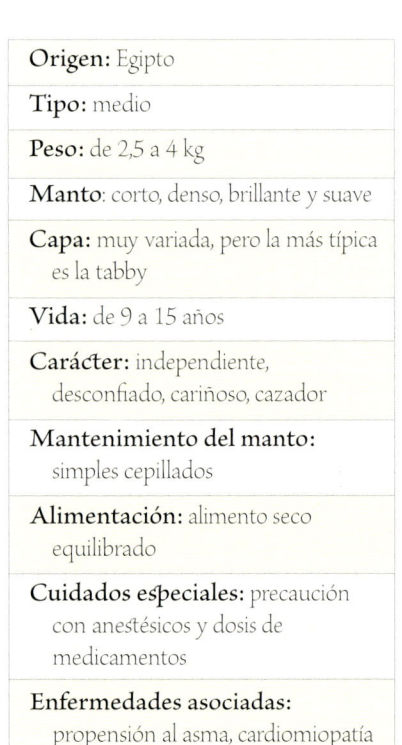

Orejas de inserción alta, de base estrecha y puntiagudas, muy separadas.

Tiene la característica M impresa sobre la frente.

Cabeza en forma triangular, la nariz es el vértice del mismo y es ancha y chata.

Ojos oblicuos, almendrados, bien abiertos. El color habitual es el verde, pero se aceptan otras tonalidades.

Cuello de longitud media en proporción con el cuerpo y fibroso.

Cola con base ancha y afinándose hacia la punta y longitud proporcionada.

Munchkin

En el año 1982 en el estado de Luisiana (Estados Unidos) fue recogida de la calle una gatita con las extremidades muy cortas que estaba preñada. Nacieron dos tipos distintos de cachorros: dos de ellos tenían las patas normales, que fueron llamados «longlegs», y los otros dos, que las tenían cortas, fueron llamados «babylegs». Uno de ellos fue cruzado y sus cachorros recibieron el nombre de Munchkin, que hace referencia a los habitantes de un pueblo en el que habita gente pequeña de la película *El Mago de Oz*. A partir del año 2002 ha comenzado ha suscitar interés y a expandirse por todo el mundo.

MORFOLOGÍA

El estándar de esta raza no ha sido definido todavía y aún no ha sido reconocido por muchas asociaciones felinas. Por lo tanto, sus características morfológicas y el aspecto general dependerá de la raza utilizada en su hibridación. Lo que sí está claro es que en esta raza se rompe la armonía de las formas del gato doméstico.

CUIDADOS

Sufre de su columna vertebral, por lo que es fundamental no realizar hibridaciones con razas demasiado pesadas para evitar posibles lesiones.

CARÁCTER

En general tiene un carácter alegre, juguetón, y su comportamiento parecido al del resto de los felinos.

ALIMENTACIÓN

Necesita alimento seco equilibrado que cubra todas sus necesidades nutricionales.

Origen:	Estados Unidos
Tipo:	pequeño
Peso:	de 2 a 4 kg
Manto:	carece de él, en el caso del Bambino
Capa:	cualquier color y patrón
Vida:	entre 12 y 15 años (dependerá de la raza hibridada)
Carácter:	activo, curioso pero depende de la raza hibridada
Mantenimiento del manto:	en el caso del Bambino no necesita; la hibridación con otras razas nos marcará su mantenimiento
Alimentación:	alimento seco equilibrado
Cuidados especiales:	dependerá del ejemplar de la hibridación, pero en todos ellos debemos evitar la obesidad y cruces con razas grandes
Enfermedades asociadas:	dependen de la raza con la que haya sido cruzado

Manto y color

El manto dependerá de las razas utilizadas en su hibridación, por lo que puede tener todo tipo de longitud del manto y todos los colores y patrones.

Ojos grandes y redondeados, pudiendo presentar multitud de coloraciones.

Orejas anchas en la base y de tamaño grande, redondeadas en las puntas.

Cabeza de tamaño medio y con forma triangular.

Extremidades cortas, tanto la anteriores como las posteriores.

Ocicat

Esta raza surgió en los años sesenta debido a la hibridación entre un Siamés macho y una hembra con cruce de Siamés y Abisinio; posteriormente se introdujo sangre del American Shorthair. Fue reconocido por la FIFe en el año 1992. Es una raza con gran demanda debido a su aspecto exótico y su excepcional carácter.

MORFOLOGÍA

Su principal característica es su manto moteado muy similar al del ocelote, y es la última raza creada por el hombre con aspecto salvaje. De cuerpo largo y atlético, las extremidades son de tamaño mediano pero de complexión robusta; con cabeza redondeada y con hocico ancho, las orejas tienen pinceles de lince; sus ojos son muy expresivos y con expresión alerta.

CUIDADOS

Puede presentar las enfermedades genéticas asociadas a las razas que lo formaron (Siamés y Abisinio). Su higiene básica se centra en cepillados frecuentes y ocasionalmente algún baño con champús adecuados.

CARÁCTER

Se caracteriza por su bondad y gran sociabilidad; también muy adaptable y con una gran energía, que la emplea en jugar constantemente. Es muy fácil de adiestrar y comprende con gran rapidez las normas de la casa. Le encanta la compañía humana o de otros animales, es muy dependiente y aborrece la soledad; no le importan los cambios con tal de verse rodeado de sus seres queridos.

ALIMENTACIÓN

Necesita una alimentación con altos porcentajes de proteínas (32%), y con equilibradas proporciones de minerales.

Manto y color

Su pelaje es corto pero con la longitud suficiente para que en cada pelo pueda contener varias franjas de color; el pelo es fino, liso y siempre satinado.

En cuanto a la coloración se presentan los spotted tabby, pudiendo tener también variedades silver.

Origen: Estados Unidos	
Tipo: medio	
Peso: entre 5 y 7 kg	
Manto: corto y brillante, denso	
Capa: siempre punteada o moteada	
Vida: de 16 a 19 años	
Carácter: equilibrado, obediente, inteligente, muy cariñoso	
Mantenimiento del manto: cepillados ocasionales	
Alimentación: alimento seco equilibrado	
Cuidados especiales: vigilar la acumulación de sarro	
Enfermedades asociadas: gingivitis, amiloidosis hepática y cardiomiopatía hipertrófica	

Orejas de tamaño medio grande, que recuerdan a las del lince por tener los llamados «pinceles de lince».

Ojos de tamaño grande, oblicuos y de forma almendrada.

Cabeza de forma ligeramente triangular, con contornos redondeados y hocico ancho.

Extremidades no muy largas y proporcionadas a su tamaño; las posteriores son más altas que las anteriores.

Cola larga, ancha en la base y afinándose en la punta.

Savannah

Es el resultado del cruce de un gato doméstico con un animal salvaje llamado serval. El primer ejemplar reconocido data del 7 de abril de 1986 y su estándar fue aprobado por la TICA en el año 2001.

MORFOLOGÍA

Su cuerpo es alargado, alto y delgado, con sorprendente manchas oscuras y con el cuello largo; sus extremidades son muy largas; su cola es de longitud media, que le proporciona un aspecto elegante y equilibrado.

Los labios son de color negro y tienen las líneas de los lagrimales muy marcadas en color oscuro; su nariz es de color rojo ladrillo, rojo, rosa o negro o de color rojizo delineado con negro. Tiene el magnetismo característico de los animales exóticos unido a un temperamento dócil.

CUIDADOS

Suelen ser más sensibles a ciertos anestésicos y se está observando que sus vacunas deben ser siempre con virus inactivados. Metabolizan peor los fármacos por tener un hígado de menor tamaño herencia del serval, y sus almohadillas siempre son de color carbón o marrón.

CARÁCTER

Es un animal muy curioso, activo, leal y se vincula fuertemente con los miembros de su familia. Son grandes saltadores y suelen escaparse. Esta raza solo es recomendada para propietarios experimentados.

ALIMENTACIÓN

No está muy claro todavía si es adecuado suministrarle alimento seco específico para felinos o carne cruda; esto dependerá del criador al que adquiramos nuestro ejemplar.

Origen:	Estados Unidos
Tipo:	grande
Peso:	entre 13 y 15 kg
Manto:	entre corto y de longitud media, ligeramente áspero
Capa:	colores como el black spotted tabby, black spotted silver tabby, black smoke o negro humo
Vida:	de 14 a 16 años
Carácter:	muy activo, juguetón, cariñoso con sus amos, gran saltador, escapista
Mantenimiento del manto:	cepillados regulares
Alimentación:	no está muy claro si debe ser a base de pienso o de carne fresca
Cuidados especiales:	precaución con la vacunación, siempre vacunas con virus inactivados
Enfermedades asociadas:	tiene el hígado de menor tamaño, por eso metaboliza con dificultad los medicamentos y los anestésicos

Manto y color

Puede oscilar entre los ejemplares con una longitud media y aquellos en los que el pelaje es corto. Es muy denso y pegado al cuerpo, siendo las manchas de textura más suave que el resto del fondo, de tacto áspero.

El color es moteado en distintas tonalidades, como black spotted tabby, black spotted silver tabby, black smoke o negro humo.

Cabeza de forma triángulo invertido, de tamaño pequeño en relación con su cuerpo.

Orejas muy grandes y situadas en la parte alta de la cabeza, anchas en la base, con abundantes mechones dentro del pabellón; son recomendables los pinceles de lince.

Ojos de tamaño mediano, situados debajo de la frente; su coloración coordina con el color del manto.

Cuello largo y musculoso.

Extremidades largas y desproporcionadas con el tamaño del cuerpo, con pies redondeados.

Scottish Fold

Su nombre proviene de la palabra inglesa «*fold*», que significa «doblado» o «plegado», debido a que esta raza tiene las orejas plegadas hacia delante, de tal manera que no se puede ver el interior del pabellón auricular.

Su origen no está nada claro y existen varias teorías al respecto, pero lo que sí sabemos con exactitud es que el origen de la extraña forma de sus orejas se debe a una mutación genética que fue observada por primera vez en el año 1961 en Escocia.

La crianza de estos ejemplares comenzó rápidamente pero surgieron graves problemas en los gatos resultantes porque tenían graves alteraciones en sus cartílagos. Se recurrió a otras razas para intentar solucionar estas anomalías y entre las razas que se hibridaron se encontraban el British, el Exotic y el American, todos ellos en la variedad de pelo corto. Se consiguió evitar las malformaciones articulares y también se perfeccionó la raza, lo que la ha beneficiado enormemente.

En Estados Unidos se cruzó con gatos Persas, por lo que estos gatos tienen el pelo largo y se denominan Highland Fold o Scottish Fold Longhair.

MORFOLOGÍA

Son de talla de tipo medio, pero se caracterizan por ser gatos fornidos y

Orejas pequeñas y dobladas hacia delante, cubriendo conducto auditivo, puntas redondeadas.

Ojos de tamaño grande y redondos, el color armoniza con el manto.

Nariz corta, ancha y recta, sin stop.

Cola de longitud media llegando como mínimo a los hombros, totalmente flexible.

Cabeza redondeada, maciza, amplia, con mentón firme.

Manto

Corto y muy denso, suave al tacto. Tiene un abundante subpelo lanoso que le da un aspecto afelpado y lo mantiene separado del cuerpo. También existe una variedad de pelo largo, pero tiene menos demanda.

Colores

Se admiten todos los colores y patrones incluido el colorpoint, pero sin blanco. Existen:

Monocolores: manto con el pelo totalmente pigmentado de la raíz a la punta en el mismo color; se admiten todos los colores.

Bicolores: cualquier combinación del blanco con cualquier color o patrón.

Origen: Escocia	
Tipo: medio	
Peso: entre 3 y 7 kg	
Manto: frondoso y muy suave al tacto, afelpado debido al abundante subpelo que hace que el pelo se separe del cuerpo	
Capa: todos los colores y patrones incluido el colorpoint	
Vida: de 10 a 15 años	
Carácter: inteligente, hogareño, dócil, curioso	
Mantenimiento del manto: cepillados frecuentes	
Alimentación: tiene requerimientos especiales; preguntar a un criador	
Cuidados especiales: vigilar posibles otitis, no cruzar ejemplares de la misma raza	
Enfermedades asociadas: problemas en articulaciones debido al efecto del gen «fold»	

Existe un cruce con gatos tipo Rex que se denomina Pudelkadtze o «gato caniche», pero este cruce no ha tenido mucha aceptación.

robustos. La peculiaridad de la forma de sus orejas le da una expresión muy particular a la cara de esta raza.

Su pelaje puede ser largo o corto, pero la variedad más difundida son estos últimos; sus ojos grandes suelen ser de color cobrizo pero también se admiten los tonos verdosos. Las extremidades son de tamaño medio y proporcionadas con el tamaño del cuerpo con pies redondeados y robustos, que le aportan un aspecto fuerte y saludable.

CUIDADOS

Esta raza presenta graves problemas en las articulaciones, provocados por el gen que produce el plegamiento de sus orejas. También produce acortamiento de las vertebras del coxis y artritis en las extremidades, generando mucho

Ejemplar monocolor negro puro en el que se puede apreciar la curiosa expresión que producen sus orejas dobladas.

Este ejemplar bicolor azul y blanco tiene la característica nariz corta sin stop.

Tienen extremidades de tamaño mediano pero muy fuertes, y con pies redondeados y robustos como podemos observar en este ejemplar lilac tabby.

dolor al caminar. También se ha observado un crecimiento de las uñas; pero esto solo sucede cuando se entrecruzan dos ejemplares Scottish Fold; por este motivo está prohibido el cruce entre ellos.

Por su hibridación con otras razas también puede padecer algunas enfermedades, como la renal poliquística y la cardiomiopatía hipertrófica.

El cuidado de su manto requiere cepillados frecuentes con un peine, como mínimo una vez a la semana, para eliminar el pelo muerto y colaborar en lo posible a evitar la formación de bolas de pelo, que luego ingerirá.

Debido al plegamiento de sus orejas, el interior de estas queda totalmente tapado y se impide la normal transpiración que puede dar lugar a otitis crónicas. Debemos observarlo mucho y seguir las instrucciones de nuestro veterinario para realizar una higiene preventiva.

CARÁCTER

Esta raza necesita para vivir en equilibrio un hogar apacible y organizado debido a su carácter tranquilo y hogareño. Es muy dócil y afable, por lo que disfruta de la

En Estados Unidos se cruzó con gatos Persas, por lo que tienen el pelo largo y se denominan Highland Fold o Scottish Fold Longhair.

Este ejemplar de Scottish Fold chocolate tabby tiene los característicos ojos grandes de esta raza.

En este ejemplar red tabby podemos observar el aspecto robusto de estos animales.

Ejemplar que presenta el característico patrón siamés, con los puntos coloreados en tono oscuro y tonalidad más clara en el resto del cuerpo.

compañía de sus propietarios y no se muestra desconfiado con los extraños. También puede compartir su espacio con otras mascotas sin problema alguno.

Es muy inteligente y leal, nada tímido y se adapta perfectamente a todos los ambientes pudiendo compartir su espacio con otras mascotas. Es muy curioso y observador, por lo que aprende rápidamente a resolver situaciones cotidianas.

ALIMENTACIÓN

Esta raza tiene unas necesidades nutricionales especiales. Por este motivo es recomendable pedir consejo al criador donde adquiramos el cachorro o a un veterinario que tenga conocimientos sólidos sobre el Scottish Fold.

Patrones

Tortie o tortuga: un color de base y pinceladas en otro color.

Tabby: el pelo está pigmentado en dos colores y por este motivo se producen dibujos en la superficie del manto. Estos dibujos crean diferentes motivos que suponen distintos patrones y reciben varios nombres.

Calicó: capa tortie combinada con blanco.

Colorpoint: también conocido como patrón siamés, tiene unas zonas determinadas del cuerpo con tonalidad oscura (máscara, orejas, cola, extremidades) y el resto es de color más claro. No se admite en esta raza el color blanco combinado con el colorpoint.

Ejemplar brown mackerel tabby. El manto del Scottish Fold precisa como mínimo un buen cepillado semanal para evitar que se creen las indeseadas bolas de pelo.

Esta raza es perfecta para una convivencia armoniosa con otras mascotas gracias a su tranquilo y equilibrado carácter, como este ejemplar tricolor.

Esta raza de gatos puede llegar a sufrir mucho dolor debido a sus congénitas artritis en las extremidades y acortamiento de las vértebras del coxis. Este gato es un silver blotched tabby.

Singapur

En Singapur son conocidos como «gatos de alcantarilla» debido a que es donde buscan refugio en las épocas de sequía.

En 1974 algunos fueron llevados a Estados Unidos, donde comenzaron a participar en exposiciones felinas en la ciudad de Denver (Colorado). De esta manera comenzó su difusión y la CFA permitió su registro como raza.

MORFOLOGÍA

Es la raza más pequeña que existe de todos los gatos domésticos. Su cuerpo es moderadamente musculoso, macizo y firme; su cuello es corto y su cabeza es pequeña con ojos grandes de forma almendrada y siempre muy brillantes.

CUIDADOS

Presenta gran resistencia, y no necesita cuidados especiales.

CARÁCTER

Es muy inteligente, curioso, amable, afable y juguetón. Se relaciona perfectamente con otras mascotas, ya sean perros o gatos. Se adapta perfectamente a la vida en el interior y no añora la dura vida de la calle.

ALIMENTACIÓN

No es nada exigente en cuanto a la alimentación y acepta cualquier alimento seco. Debemos calcular la ración diaria de acuerdo con su tamaño.

Manto

Presenta un color claro en la raíz y más oscuro en la punta. La parte distal de la cola debe tener un color más oscuro y también se admite una raya oscura que dibuje la línea de la columna. Exhibe marcas faciales características de esta raza.

Origen: Singapur	
Tipo: pequeño	
Peso: machos 3,5 kg y hembras 2,5 kg	
Manto: muy fino y corto	
Capa: marrón rojizo en distintos tonos, con manchas blancas establecidas	
Vida: 14 años	
Carácter: inteligente, curioso, amable	
Mantenimiento del manto: cepillados	
Alimentación: alimento seco equilibrado	
Cuidados especiales: vacunaciones y desparasitaciones	
Enfermedades asociadas: ninguna	

Cabeza pequeña con cráneo redondeado y ancho; hocico afilado y estrecho, con ligero stop.

Orejas grandes y puntiagudas.

Ojos grandes, almendrados, juntos, de color avellana, verdes o amarillos.

Cola algo corta y delgada con la punta redondeada.

Extremidades fuertes, pies ovales, pequeños y cortos.

Tonkinés

Raza de muy reciente creación (1930), el Tonkinés es fruto de la hibridación entre un ejemplar de la raza Siamés y un ejemplar de la raza Burmese. Por lo tanto el Tonkinés tiene los «point» del patrón siamés pero más difuminados. El reconocimiento de esta raza canadiense se produjo en el año 1974 por parte de la Canadian Cat Asociation.

MORFOLOGÍA

Aunque es una raza de tamaño mediano, tiene un cuerpo largo y esbelto, y posee una gran musculatura.

CUIDADOS

Se trata de una raza dura y resistente, pero presenta un problema que es muy difícil de solucionar cuando vive en casas bajas: el Tonkinés es capaz de reconocer el sonido del coche de su propietario y no duda en salir a recibirlo, por lo que sufre atropellos.

CARÁCTER

Le encanta viajar y jugar, acepta a los extraños y puede abrir los pomos de las puertas o presionar botones.

ALIMENTACIÓN

Debido a la gran actividad que desarrolla es necesario un buen alimento seco equilibrado que contenga y le aporte todos los nutrientes necesarios para su correcto mantenimiento.

Manto

Su pelo es corto, denso y de aspecto muy brillante. Presenta tres patrones: sólidos, point y mink, que es una combinación de los otros dos. El término mink se refiere al estilo y tacto del pelaje.

Sepia: el color de los «point» y la base son muy parecidos.

Visón: se diferencian ligeramente el color base y los sombreados de los puntos.

Point: fuerte contraste entre los puntos y la base.

Origen: Canadá	
Tipo: medio	
Peso: hembras 2,5 kg y los machos más de 3,5 kg	
Manto: corto, brillante	
Capa: presenta tres patrones distintos: sepia, visón y point	
Vida: alrededor de 12 años	
Carácter: muy activo, curioso, cariñoso	
Mantenimiento del manto: simples cepillados	
Alimentación: alimento seco equilibrado	
Cuidados especiales: precaución con los atropellos	
Enfermedades asociadas: las de las razas con las que se consiguió este felino	

Ojos de forma almendrada, ligeramente separados, de color aguamarina a verdosos.

Cabeza en forma de cuña, ligeramente redondeada, mejillas altas y hocico romo.

Orejas de tamaño mediano, anchas en la base y puntas redondeadas.

Cola de tamaño proporcionado con el cuerpo y grosor fino.

Extremidades de tamaño mediano y con pies ovalados.

Somalí

Es una variación provocada por una mutación de pelo semilargo del gato Abisinio, debido a la introducción de genes pelilargos en el gato de raza Abisinio realizada en Inglaterra. Pero donde se desarrolló realmente esta raza fue en Estados Unidos en los años sesenta, dando lugar a una raza con carácter salvaje pero con la elegancia de los gatos orientales.

La manera como se consiguió esta raza fue mediante la hibridación con Siameses y gatos Persas para mejorar algunos aspectos del Abisinio. Durante estos cruces comenzaron a aparecer cachorros con pelo largo o semilargo. Aunque no se les concedía el pedigrí, por la belleza y la gran demanda que tuvieron estos nuevos gatos pronto fueron reconocidos por la CFA en 1979 y por la FIFe en 1982.

MORFOLOGÍA

Su cuerpo es largo y esbelto, con el dorso levemente curvado, con extremidades de longitud media, de fina osamenta y con pies ovalados de tamaño pequeño. Su cabeza tiene forma redondeada y en cuña truncada; la nariz es de longitud media; sus orejas son de tamaño grande y terminadas en punta; ojos grandes y con párpados oscuros.

CUIDADOS

Puede presentar problemas asociados a las razas que intervinieron en su formación, pero en general no suele tener problemas de salud. Es importante revisar su dentadura para detectar cuanto antes la acumulación de sarro, ya que si no lo hacemos puede sufrir gingivitis, la cual impide la correcta alimentación de los ejemplares con

Orejas grandes erguidas y con las puntas redondeadas.

Cabeza redonda con hocico en forma de cuña, nariz de longitud media.

Ojos de tamaño grande, con forma almendrada y con los párpados oscuros.

El cuerpo es de complexión media pero de aspecto corpulento y atlético.

Cola de gran longitud y con pelo semilargo en forma de plumero.

Manto y color

Semilargo en el vientre, pecho y espalda, más corto en la cabeza, y más largo en la cola. El pelaje es fino pero denso, por lo que tiene una textura sedosa y muy agradable al tacto.

El color del pelaje presenta el tic-king: cada pelo tiene dos o tres colores y con las puntas más oscuras. Presenta distintas variedades:

- **Ruddi o salvaje:** con líneas negras y naranjas.
- **Blue:** bandas azuladas con gris y crema.
- **Sorrel:** con chocolate y melocotón.
- **Fawn:** bandas oscuras y beis.

En la actualidad se están desarrollando variedades nuevas.

Origen:	Estados Unidos
Tipo:	medio
Peso:	entre 3,5 y 5 kg
Manto:	semilargo en el cuerpo, más corto en la cabeza y más largo en la cola
Capa:	se admiten dos capas: ruddy (salvaje) y red sorrel (rojo)
Vida:	entre 8 y 16 años
Carácter:	tímido, inteligente, desconfiado, cariñoso
Mantenimiento del manto:	necesita cepillados frecuentes para evitar la formación de nudos
Alimentación:	alimento seco equilibrado, de vez en cuando alguna terrina de carne
Cuidados especiales:	malta para evitar formación de bolas de pelo
Enfermedades asociadas:	en ocasiones puede presentar las de las razas con las que se hibridó

La longitud del pelo es máxima en la cola, de extensión media en el vientre, pecho y espalda, y mucho más corta en la cabeza y región facial.

establecido en el lugar en el que residamos. También es recomendable desparasitarle y los cepillados frecuentes para evitar la ingesta y posterior compactación en el intestino de los pelos ingeridos, por lo que es recomendable administrarle preparados que contengan malta para favorecer su eliminación.

CARÁCTER

Es una raza especialmente tímida. Debemos dejarle que adquiera confianza poco a poco y nunca forzarlo; cuando se sienta seguro, se mostrará afectuoso con los miembros de su familia. Siente gran desconfianza hacia los extraños y se esconderá en cuanto note su presencia; pero este comportamiento es muy típico de la mayoría de los felinos domésticos.

Es una raza muy inteligente y aprende con gran facilidad trucos adecuados para los felinos. Disfruta enormemente de la vida en el exterior, y no le gusta vivir en pisos. Es una raza muy silenciosa debido a que tiene un maullido muy suave.

ALIMENTACIÓN

Necesita alimento seco equilibrado especial para los felinos domésticos, con los nutrientes imprescindibles para el correcto mantenimiento de nuestro ejemplar.

El Somalí tiene necesidad de vez en cuando de tomar alguna ración de carne. Por este motivo debemos darle este capricho pero siempre debemos cocinarla para evitar posibles parásitos o problemas intestinales. También le podemos ofertar algunas terrinas especiales para estas mascotas.

esta afección y su salud se verá perjudicada.

El resto de cuidados son los que debemos hacer con todos los felinos domésticos, es decir, tendremos que seguir el calendario de vacunas

El pelo semilargo parece que proviene del cruce del Abisinio con el gato Persa en el año 1900.

Sphynx

La característica fundamental de esta raza está producida por una anomalía genética debida a gen de carácter recesivo que produce en los ejemplares que lo portan la ausencia total de pelaje. Existen referencias que indican que esta particularidad ya había sido observada en otros tiempos más antiguos y algunas de ellas datan de la época de los aztecas, y también hay referencias documentadas que describen ejemplares similares en Inglaterra y Francia.

El descubrimiento de esta peculiar raza sucedió en Ontario (Canadá) en 1970, cuando en una camada uno de los gatitos llamó la atención debido a que presentaba su piel totalmente desnuda e impresa sobre la piel dos colores que indicaban que su manto hubiera sido blanco y negro. Esta gatita fue la cabeza del linaje de los actuales Sphynx.

En 1980 se consiguió fijar una línea de gatos en la que la rareza de la ausencia de pelo estaba garantizada.

Estos fueron hibridados con otras razas como el American Shorthair o el Devon Rex, entre otras, pero fue una tarea muy complicada debido a que el gen que produce esta mutación, al ser de carácter recesivo, necesita para manifestarse en el fenotipo que ambos padres lo porten

Cráneo rotundo con pómulos salientes, hocico fuerte y redondeado, con almohadillas de implantación de los bigotes muy gruesas.

Cabeza de tamaño medio, forma triangular y redondeada, más larga que ancha.

Orejas de gran tamaño, con base ancha y muy abiertas, en posición recta.

Ojos redondeados de tamaño grande, extendidos hasta el borde exterior de las orejas y separados.

Manto

No poseen manto y esta es su característica principal. Cuando se toca su piel da la sensación de tocar ante caliente; tiene pelusilla que al tacto se asemeja a la piel de melocotón. También tiene la particularidad de presentar arrugas que se localizan en la base de las orejas, hocico y alrededor de los hombros.

Cola de longitud proporcionada al cuerpo, flexible que se afina hacia la punta.

Origen: Canadá	
Tipo: medio	
Peso: de 3,5 a 7 kg	
Manto: carece de él, simplemente recubierto de una fina pelusilla	
Capa: cualquier color y patrón es aceptado	
Vida: entre 10 y 15 años	
Carácter: inteligente, sumamente cariñoso y apegado a su dueño	
Mantenimiento del manto: limpieza del exceso de grasa	
Alimentación: alimento seco equilibrado de buena calidad y ajustar la ración	
Cuidados especiales: evitar la obesidad, limpieza regular del manto y oídos	
Enfermedades asociadas: precaución con el frío y protegerlo de las radiaciones solares	

La falta de pelo es una anomalía genética denominada alopecia universal felina.

en sus genotipos porque, de otra manera, es imposible.

MORFOLOGÍA

Debido a su morfología peculiar con su llamativa ausencia de manto, esta raza jamás pasa inadvertida y también es muy fácilmente reconocible. Tiene muchos adeptos y entusiastas, aunque hay aficionados al mundo del gato que solo sienten repulsión ante su aspecto, por tanto esta raza genera mucha controversia y lo que si está muy claro es que jamás deja a nadie indiferente.

Es una raza de tamaño medio. Su cuerpo puede ser de longitud variable pudiendo ser media o

Debido a que la mutación que produce esta ausencia de manto es debida a un gen de carácter recesivo, la obtención y posterior fijación exige un gran esfuerzo por parte de los criadores.

Ejemplar azul. Sus extremidades son desproporcionadas en relación con su cuerpo, más altas las traseras que las delanteras, con pies ovalados y dedos largos.

Ejemplar blue tortie. Su piel forma abundantes pliegues que se encuentran distribuidas sobre la grupa, base de las orejas, hocico y pecho.

ligeramente alargada, con un pecho ancho, abdomen redondo y lleno dando la sensación de haber ingerido gran cantidad de alimento o de encontrarse en estado de preñez; su cuello es de longitud media con musculatura bien desarrollada que le confiere un aspecto redondeado.

Sus extremidades son desproporcionadas con el tamaño del cuerpo y son más altas las traseras que las delanteras; sus pies tienen forma ovalada y con dedos muy largos y desarrollados; sus almohadillas plantares son muy

gruesas y dan la sensación de que el animal se desplaza en el aire, como si flotase.

Otra particularidad de esta raza es la gran cantidad de arrugas que tiene su piel, lo que añade mayor rareza si cabe al aspecto general de su cuerpo.

Los ejemplares de esta raza presentan varias singularidades: no tienen pelo y poseen numerosas arrugas. Existen muchos aficionados al Sphynx.

CUIDADOS

Como es obvio, esta raza no necesita cepillados ni cuidados del manto, por eso mismo tampoco precisa malta ni productos antiparasitários contra pulgas ni garrapatas. Para sustituir al manto el Sphynx posee una abundante capa de grasa que le ayuda a mantener la temperatura corporal y le aísla del frío externo

La variedad bicolor de blanco con otro color es una de las admitidas en esta raza de gatos.

Existe una raza muy similar denominada Don Sphynx de origen ruso, pero el gen que transmite su anomalía es de carácter dominante, por lo que es mucho más fácil su transmisión.

Debemos tener mucho cuidado con las heridas en la piel, que en estos animales es especialmente delicada, como sucede con este gato bicolor.

Colores

Se admiten todos los colores y estos se adivinan mediante impresiones dibujadas en distintos tonos sobre su piel; suelen ser más diluidos debido a su ausencia de manto. Se admiten los siguientes:

Monocolores: negro, azul, chocolate, crema, canela rojo, lila y blanco.

Bicolores:

- **Bicolor estricto:** propiamente dicho, blanco con cualquier color.
- **Van:** coloración en orejas y su base y también en la cola.
- **Arlequín:** tiene la coloración igual que el van pero se añaden pequeños parches sobre el cuerpo.

Los ojos son grandes y redondeados, pero se estrechan en el lado que está más cerca de las orejas.

durante un tiempo limitado; tras la exposición al frío, necesitará una fuente de calor para recuperar las calorías perdidas.

Se deben revisar los pliegues y las arrugas para evitar que la grasa que se acumula en ellos impida la oxigenación de la piel y se produzca dermatitis. Debemos tener mucho cuidado con las heridas en la piel, que es muy vulnerable debido a que carece de la protección que ofrece el pelaje.

También es muy recomendable darle crema de protección solar durante los primeros días de exposición teniendo mayor cuidado con las zonas blancas.

Es imprescindible revisar sus oídos con frecuencia para evitar el exceso de cerumen.

Ejemplar bicolor blanco y negro en el que se observan los colores dibujados sobre su piel.

El gato de raza Sphynx tiene la particularidad de presentar un abdomen muy dilatado que se asemeja a un tonel.

Patrones

Tabby: en todas sus variedades: ticked, spotted, mackerel, blotched, patrón birmano, tonkinés, etc.

Tortie o tortuga: en todas sus presentaciones, y su combinación con blanco (calicó).

Colorpoint: capa también denominada patrón siamés, la pigmentación es más oscura en los «point» y en el resto del cuerpo tiene un tono más claro.

Esta raza también produce gran cantidad de cerumen, por lo que es imprescindible revisar sus oídos con cierta frecuencia y proceder a su limpieza e higiene en caso de ser necesario.

CARÁCTER

Es un gato excesivamente cariñoso y mimoso, por lo que es adecuado para personas que buscan este tipo de comportamiento. A los aficionados en general a los gatos les suelen resultar demasiado pegajosos.

El Sphynx es una raza muy inteligente, muy animoso y juguetón y puede pasar horas jugando, por lo que es adecuado para convivir con niños. Tiene gran afición por trepar a los lugares altos y esta actividad le resulta muy fácil debido a que está dotado de gran agilidad.

Crea un vínculo muy estrecho con su propietario y reclama constantemente su atención, por

Otra particularidad del Sphynx es que las almohadillas son muy gruesas, por lo que al caminar parece que flota y lo hace de una forma muy ágil.

El Sphynx tiene una capa de grasa en la piel para protegerse del frío. Debemos llevar un control férreo para evitar la acumulación de dicha grasa entre los pliegues de su piel.

Una de las aficiones favoritas del Sphynx es trepar a los árboles y demostrar su excelente agilidad.

este motivo no es adecuado para familias que están durante mucho tiempo fuera de casa. El Sphynx aborrece la soledad prolongada. Si nos resulta imposible poder dedicarle todo el tiempo que el necesita, debemos buscar otro animal de compañía con el que se sentirá feliz, dando igual que sea perro o gato.

ALIMENTACIÓN

Su dieta debe ser equilibrada y muy calórica porque al carecer de manto

Los gatos de esta raza son muy afectuosos con sus propietarios y en general no soportan la soledad.

que recubra su cuerpo consume mucha energía para mantener su temperatura corporal, que en el caso de esta raza es más elevada que en otros gatos domésticos. Debemos emplear alimentos secos equilibrados que nos aseguren su correcto mantenimiento.

Es una raza con gran apetito y muy voraz. Por este motivo

debemos encontrar el equilibrio entre la ración que le permite el mantenimiento correcto y que evite el sobrepeso, que siempre es poco deseable en nuestras mascotas.

Aborrece la soledad prolongada, por lo que si estamos mucho tiempo fuera de casa es aconsejable buscarle otro animal de compañía.

En este ejemplar calicó se aprecian los grandes pabellones auditivos, en los que se suele acumular mucho cerumen.

Como no tiene un manto que le proteja la piel, los veterinarios aconsejan aplicarles crema de protección solar.

Siamés

GATOS TIPO ORIENTAL

Peterbald

Oriental

En este grupo se encuentran varias razas de felinos domésticos que tienen en común su aspecto general o morfología. Entre ellas encontramos el gato Oriental, que es el que se utiliza como referente morfológico para la clasificación del resto de las razas de los gatos domésticos.

Las razas que conforman este grupo son el gato de raza Oriental en las dos variedades que presenta la longitud de su manto, es decir, el gato Oriental Shorthair (pelo corto) y la variedad Oriental Longhair (pelo largo); también encontramos el Siamés y el Peterbald. En el año 2006 se han incorporado dos nuevas razas, que son la combinación del patrón siamés con el color blanco, es decir, se trata de bicolores colorpoint. Estas dos nuevas razas en realidad son dos variedades que lo único en que se diferencian es en la longitud de su manto, por lo que se denominan Seychelles Longhair (variedad de pelo largo) y Seychelles Shorthair (variedad de pelo corto).

Todos ellos presentan un tipo medio, oscilando su peso entre los 2,5 y los 5 kg, con un aspecto ligero. Su osamenta es de constitución también ligera, pero todos ellos tienen abundante musculatura fibrosa, por lo que su aspecto es esbelto y estilizado. Sus extremidades son muy alargadas, delgadas y fibrosas, siendo las anteriores siempre rectas y también delgadas; terminan en pies finos y recogidos, a excepción del Peterbald, que tiene dedos muy alargados llamados «dedos de mono».

Su cabeza siempre presenta una forma triangular en la que uno de sus vértices es su nariz; el hocico tiene forma afilada; las orejas de estos gatos siempre son grandes y desproporcionadas con el tamaño de su cabeza, tienen la base ancha y siempre las llevan erguidas y algo dirigidas hacia delante. Sus ojos tienen forma almendrada y son ligeramente oblicuos; es en el color de los ojos en lo que se diferencian, siendo siempre azules en el Siamés y en los Seychelles en las dos variedades debido a que con el patrón siamés únicamente está permitida esta coloración. En los demás, al poder presentar diferentes coloraciones y patrones en el manto, el color de los ojos suele combinar o armonizar con el tono del manto.

Una particularidad que presentan las razas de origen oriental es la forma de látigo que presenta la cola, que siempre es delgada en toda su longitud y muy flexible.

Algunos de ellos comparten origen y también crianza, pero en determinado momento se produjo alguna escisión y fueron consideradas razas independientes simplemente por la coloración de su manto. Esto sucedió con el Oriental: en un principio el Siamés formaba parte de esta raza, hasta que fue considerada raza independiente y solo formaron parte de ella los ejemplares que presentaban la coloración colorpoint o patrón siamés, es decir, que tienen siempre en lugares determinados de su cuerpo una coloración más oscura que el resto del cuerpo. Estos lugares se denominan «point» o puntos, y siempre se encuentran localizados en la región facial llamada máscara, las orejas, la cola y la parte distal de las extremidades. Además de esta distribución del manto debe presentar siempre un color azul en sus ojos y jamás debe estar combinado el patrón siamés con el blanco, a excepción de la nueva raza reconocida Seychelles, que incorpora esta nueva combinación.

En cuanto a la presentación de las capas del que ahora recibe el nombre de raza Oriental, es

Las razas que conforman este grupo son el gato Oriental en las dos variedades que presenta la longitud de su manto, es decir, el Oriental Shorthair (de pelo corto) y el Oriental Longhair (de pelo largo). También encontramos el Siamés y el Peterbald.

increíble la cantidad que puede tener esta raza, siendo muy amplia la gama de colores permitidos así como todos los patrones (a excepción del colorpoint) e infinidad de matices.

El Peterbald es un caso independiente, aunque coincide con todos los felinos denominados orientales en las características morfológicas. Presenta la particularidad de ser portador de una mutación genética que es la responsable de la ausencia de pelo en su cuerpo. El gen responsable de esta alteración es denominado «gen ruso para la pérdida de pelo». Dependiendo del grado de actuación de este gen, el Peterbald puede presentar distintos mantos, que pueden ir desde la ausencia total de pelo a algunos ejemplares con el pelaje normal. El Peterbald es el resultado de la hibridación del Oriental y el Don Sphynx, que es el responsable de la mutación y por tanto heredó

las características generales morfológicas de los orientales junto con la ausencia de pelo.

Como hemos visto, todas las razas que conforman este grupo están relacionadas genéticamente, por lo que las enfermedades asociadas son compartidas por todos ellos. Entre las más comunes podemos encontrar la amiloidosis hepática, la cardiomiopatía hipertrófica, y las alteraciones degenerativas oculares, que se están intentando erradicar eliminando de la cría los ejemplares afectados o aquellas camadas que tengan estos problemas.

También padecen algunas otras patologías menores que no representan problemas serios. Entre estas últimas se encuentra la gran disposición que presentan estas razas a la inflamación de la encías, denominada gingivitis,

El Peterbald coincide con todos los felinos orientales en las características morfológicas, pero presenta la particularidad de ser portador de una mutación genética que es la causante de que no tenga pelo.

que se produce por la formación de sarro, que es el responsable de la inflamación y posterior retracción de las encías. La solución es muy sencilla: debemos dar siempre alimento seco a nuestra mascota para impedir en lo posible que el sarro se deposite y, si a pesar de esto sucede, acudiremos al veterinario para que realice una limpieza de boca.

Una característica que pueden padecer los gatos orientales en algunas ocasiones es el estrabismo: cuando mira junta los ojos dirigiendo su mirada convergente a un punto. Es simplemente un animal bizco y, aunque no le supone ningún problema físico, se ha comprobado que tienen problemas para distinguir los relieves al no poder superponer las imágenes en el quiasma óptico, siendo en general un poquito más torpes que otros felinos.

En cuanto al carácter de estas razas, prácticamente todas tienen el mismo: son muy activos y juguetones, derrochando energía durante prácticamente todo el día. También son animales muy inteligentes, observadores y curiosos, por lo que parecen adivinar el próximo paso que dará su propietario porque los felinos domésticos saben medir el tiempo. Así pues, serán capaces de esperar junto a la puerta la llegada de su amo minutos antes de su aparición, o se sentará junto a su plato antes de que le traigan el envase de comida.

Alguno de ellos también está dotado de una gran sensibilidad que le permite detectar rápidamente el estado anímico de su propietario y se comportará en consecuencia. En las siguientes páginas describiremos ampliamente una a una algunas de las razas que hemos nombrado.

Oriental

Es originario de Tailandia, donde se considera una sola raza al Oriental y al Siamés. Allí el Siamés es considerado una variedad más de las múltiples coloraciones que pueden presentar los gatos orientales. Existen manuscritos del antiguo reino de Siam de los años 1347 y 1767 en los que se hace referencia y se describen las características de estos gatos.

A finales del siglo XIX fueron introducidos en Europa y se podían observar los ejemplares con ambos tipos de manto en las exposiciones felinas, pero en el año 1920 los clubes felinos británicos se decantaron por los ejemplares que presentaban la capa colorpoint y los Orientales fueron relegados a un segundo plano, por lo que parecía que se iba a perder la línea de la raza.

Fue en Estados Unidos donde se le dio la importancia que se merecía el Oriental y el lugar donde se fomentó su crianza y también donde se lograron los múltiples mantos que presenta esta raza de gatos.

MORFOLOGÍA

Las características morfológicas del Oriental coinciden en su totalidad con las de la raza Siamés. Lo único que les diferencia es la capa, siendo esta en el Siamés única, la denominada colorpoint, que puede variar en la tonalidad, pero siempre sigue el mismo patrón. En cambio,

Manto

Es corto y pegado al cuerpo, de textura fina y brillante. En cuanto al color se admiten todos los colores, los patrones e infinidad de matices a excepción del patrón colorpoint. En Estados Unidos se reconocen cerca de 30 capas diferentes (ver cuadro de capas).

Cabeza tiene forma triangular y de tamaño mediano, nariz alargada y recta.

Orejas grandes y puntiagudas, anchas en la base y muy erguidas.

Ojos ligeramente oblicuos, de tamaño medio, almendrados. El color de los ojos suele ser verde limpio en la mayoría de las capas, pero en las blancas son de color azul.

Cola muy larga y fina en toda su longitud, muy flexible.

en el Oriental se pueden encontrar cerca de 300 variedades incluidos diferentes patrones y matices.

Es de tamaño mediano, con estructura corporal estilizada, musculoso pero nunca voluminoso (fibroso), longilíneo, estilizado, con osamenta ligera pero recubierto de musculatura fibrosa; por este motivo a todas las razas que presentan esta morfología se las denomina Orientales.

Sus extremidades son alargadas, finas y muy fibrosas; su cola es delgada y alargada. La forma de la cabeza es triangular con orejas grandes; sus ojos son siempre de forma almendrada.

CUIDADOS

Suele ser una raza sana y resistente, pero puede presentar enfermedades asociadas a la raza: la amiloidosis hepática, cardiomiopatía hipertrófica, estrabismo y acumulación de sarro, que trae como consecuencia la inflamación de las encías (gingivitis) y muchas molestias.

En cuanto al cuidado de su manto, se debe cepillar con cierta frecuencia y debemos hacerlo más a menudo en la época de muda. A pesar de tener el pelaje corto, también es susceptible de padecer la compactación de los pelos ingeridos, que da lugar a la bola de

Origen:	Estados Unidos
Tipo:	medio
Peso:	de 2,5 a 4 kg
Manto:	muy corto y fino
Capa:	se admiten todos los colores y patrones, excepto colorpoint
Vida:	entre 14 y 18 años
Carácter:	muy activo, vocalizador, dependiente
Mantenimiento del manto:	cepillados esporádicos
Alimentación:	alimento seco equilibrado
Cuidados especiales:	limpieza de boca por la acumulación de sarro
Enfermedades asociadas:	cardiomiopatía hipertrófica, amiloidosis hepática

Ejemplar sólido negro en el que podemos apreciar el estrabismo de sus ojos, que es muy común en los gatos de raza Oriental y Siamés.

Esta raza presenta coloraciones y dibujos asombrosos con infinidad de diferentes matices, pero el color más demandado es el blanco puro con ojos azules o verdes.

El aspecto físico de esta raza es la referencia para la descripción morfológica de todas las demás razas.

Patrón

Shaded: sombreado, se pueden encontrar los siguientes:

- **Silver shaded:** subpelo blanco con pelo más largo con punteado negro, con ojos, labios y nariz con contorno negro.
- **Camafeo:** igual que el anterior pero en color rojo.

Smoke (humo):

- **Black smoke:** con subpelo blanco, interesante punteado (tipped) en color negro.
- **Blue smoke:** con subpelo blanco y punteado en azul.
- **Chestnut smoke:** subpelo blanco y punteado marrón.
- **Lilac smoke:** subpelo blanco y punteado rosado.

Tabby: atigrado, se admiten todos los colores y dibujos del patrón tabby. Los más frecuentes y demandados son:

- **Mackerel tabby.**
- **Classic tabby** o marmorizado.

Tortie o tortuga: solo en las hembras:

- **Black tortie:** manto negro y manchas rojas/crema.
- **Blue tortie:** manto azul y manchas crema.
- **Chestnut tortie:** manto marrón con manchas rosa/crema.
- **Lilac tortie:** manto lila con manchas rosadas/crema.

Color

Monocolor: color uniforme o sólido, pudiendo encontrar:

- **Blanco:** con ojos azules o verdes, es la capa más apreciada.
- **Negros:** con preferencia ojos verdes aunque se admiten amarillos, azul uniforme (mejor cuanto más claro).
- **Otros colores:** marrón castaño (chestnut), lila, rojo.

Bicolor: es la presencia de cualquier color combinado con el blanco. Se clasifican en bicolor estricto, arlequín y van.

pelo (tricobezoares); para evitar esta compactación debemos administrarle malta siguiendo las indicaciones del veterinario.

CARÁCTER

Es una raza inquisitiva, muy activa y curiosa. También está dotada de gran sensibilidad y por este motivo necesita la presencia del hombre y sus mimos, no siendo una raza que pueda soportar la soledad prolongada. Lo cierto es que aprecia tanto la presencia humana que es una de las razas más recomendada para familias en las que haya muchos niños.

En ocasiones puede ser muy pesado cuando exige mimos, y debido a su potente maullido y a la

Ejemplar tortie. Son de las razas felinas más populares y ocupan el octavo lugar en el número de ejemplares registrados de esta raza.

En este ejemplar con capa calicó podemos observar la forma triangular de su cabeza y el tamaño desproporcionado de sus grandes orejas.

habilidad de esta raza para vocalizar, puede ser realmente molesto. También emite constantes maullidos en las épocas de celo, que lo suele tener cada 15 días.

ALIMENTACIÓN

Se le debe suministrar alimento seco equilibrado adecuado para los felinos domésticos. Le daremos a demanda,

La habilidad de esta raza para vocalizar y su potente maullido pueden hacer de él algo molesto. Ejemplar de capa canela.

de tal manera que siempre tenga una pequeña cantidad en el plato. Como premio y muy de vez en cuando, se le puede dar un capricho, como alguna latita o terrina.

Esta es una raza inquisitiva, muy activa y curiosa. También posee una gran sensibilidad, por lo que necesita la presencia del hombre y sus mimos. Ejemplar de color chestnut.

Ejemplar red spotted tabby que muestra su estilizada figura.

Ejemplar arlequín de raza Oriental se caracteriza por las líneas corporales estilizadas y musculatura fibrosa.

Ejemplar con manto color black tabby en el que podemos apreciar la gran longitud de su cola y su pequeño grosor.

Peterbald

Es una raza muy reciente ya que surgió en el año 1994 en San Petersburgo, Rusia. Fue reconocida rápidamente por todas las asociaciones felinas, entre las que encontramos la SFF (Federación Felina Rusa de Selección) en 1996; en 1997 por la TICA (The Internacional Cat Asociation); en el año 2003 por la WCF (World Cat Federation), y en el año 2006 por la FIFe (Federación Internacional Felina).

Su característica fundamental es la ausencia de pelaje en la mayoría de las ocasiones. Esta alteración está producida por un gen que es el causante de estas anomalías del pelaje. Puede presentar distintos tipos o variedades de manto.

MORFOLOGÍA

Es de tipo mediano y con aspecto ligero pero musculoso, alargado en sus formas y esbelto, con tórax delgado y hombros estrechos. Sus extremidades son largas y delgadas, siendo las delanteras rectas y con pies finos y ovalados, con los dedos muy largos denominados «dedos de mono». Su cabeza es proporcionada respecto al cuerpo y de forma triangular con hocico afilado; sus ojos son almendrados y su color armoniza con el manto.

CUIDADOS

No presenta alteraciones específicas propias de esta raza. Por la ausencia de pelaje, debemos tener precaución a la hora de tomar el sol; podemos aplicar crema protectora en sus primeras exposiciones.

Orejas de implantación lateral, de tamaño grande, anchas en la base.

Cabeza siempre de forma triangular con el vértice en la nariz, con perfil largo y continuo.

Ojos de forma almendrada y ligeramente oblicuos siguiendo las líneas que forman la cuña de la cabeza.

Cola muy larga, delgada desde la base hasta la punta y termina en curva, con forma de látigo.

Extremidades largas y delgadas. Las delanteras son rectas y con pies finos y ovalados con los dedos muy largos.

Origen: Rusia	
Tipo: medio	
Peso: entre 3 y 5 kg	
Manto: muy variable: calvo, flor (aterciopelado), brush con longitud de 5 cm	
Capa: todos los colores y combinaciones	
Vida: unos 12 o 16 años	
Carácter: muy activo, cariñoso, juguetón	
Mantenimiento del manto: no necesita limpieza	
Alimentación: alimento seco equilibrado, más cantidad que otras razas del mismo tamaño	
Cuidados especiales: crema protectora solar, no está protegido contra temperatura exterior	
Enfermedades asociadas: está en desarrollo, por lo que aún se desconoce	

Esta raza tiene un cuerpo alargado y fibroso, con extremidades finas que terminan en pies con dedos muy largos. La cola tiene aspecto de látigo.

No necesita un aseo constante debido a que su piel es seca; no produce el exceso de grasa como el Sphynx, por lo que no tiene la película grasa que supondría su aislamiento y necesita mucha protección frente a las condiciones climatológicas extremas.

CARÁCTER

Es una raza con un carácter muy amable y dulce; estos gatos necesitan y reclaman compañía y por ese motivo no soportan la soledad prolongada. Son animales muy sociables y se relaciona perfectamente con otras mascotas.

Son muy activos y juguetones, por lo que son perfectos para convivir

con niños; y no tienen ningún rasgo de agresividad ni son dominantes.

ALIMENTACIÓN

Es una raza que se encuentra en desarrollo y se está observando, pero lo que sí se sabe de ellos es que tienen un metabolismo muy alto y por lo tanto requieren gran cantidad de alimento para poder mantenerse en condiciones óptimas.

Manto

El gen responsable de la mutación que le caracteriza se denomina «gen ruso para la pérdida de pelo». Los animales que lo portan pueden presentar varios tipos:

- **Ultra bold** o ultracalvo o desnudo: siempre ausencia de pelo, también reciben el nombre de «rubber» o goma, «gummy» o «látex» por el tacto caliente, suave y casi pegajoso. Tiene abundantes arrugas.

- **Chamoise coat:** esta variedad es suave al tacto pero su pelo no es visible, oscila entre 0,1 y 1,5 mm. Es suave al tacto como la seda y aunque se le acaricie a contrapelo, no se nota aspereza. Esta variedad es la más solicitada y tiene tres subvariedades, dependiendo de la longitud.

- **Velour coat:** la longitud oscila entre 1,5 y los 6 mm; es aterciopelado, suave y fino. Es brillante a la luz y visible a media distancia, al tacto se nota como si fuera pelo corto.

- **Brush coat:** el gen que produce la ausencia de pelo afecta en menor grado el folículo, pero sí afecta al cabello. Son cabellos de protección, muy densos y de textura irregular, existen tres subtipos: alambre, wared y cotton.

En cuanto a la coloración del manto, puede presentar todos los colores y diferentes patrones.

Sus movimientos son elásticos, elegantes y con gran agilidad gracias a su estructura ligera.

Siamés

Se supone que descienden de los templos sagrados de Siam (Tailandia). Estos animales recibían el nombre de «diamantes de la luna» por el color espectacular de sus ojos azules, y se les atribuye la facultad de mantener alejados los espíritus malignos y atraer la buena suerte a sus propietarios; por este motivo eran algunas de las mascotas preferidas por la nobleza y gente pudiente. Estos gatos no podían ser vendidos, únicamente se entregaban, en contadas excepciones, como regalos muy valiosos a personajes importantes o nobles.

Se introdujeron en Inglaterra y Estados Unidos al ser entregados como un obsequio muy preciado a los embajadores de ambos países. Y por lo llamativo de su capa y sus espectaculares ojos azules, consiguió rápidamente su difusión por todo el mundo.

MORFOLOGÍA

Existen dos líneas distintas en cuanto a su tipología: el gato tradicional o Siamés Thay y el Siamés moderno.

1. El Siamés tradicional se caracteriza por tener la cabeza en forma de manzana y cuerpo robusto y compacto.

2. El Siamés moderno tiene la cabeza en forma de triángulo y el cuerpo esbelto y delgado.

Manto

Es de pelo corto, muy denso y apretado, pudiendo ser más largo en el invierno por aumentar la lanilla interna. El responsable de su capa tan especial es un gen que produce mayor coloración en los denominados «point». Esta coloración oscura está situada en zonas termosensibles, por este motivo pueden variar de coloración dependiendo de la temperatura exterior y también cuando los ejemplares son de edad avanzada y tengan problemas de riego.

Cabeza larga en forma de cuña; la cara triangular con vista de frente; nariz recta y fina y en línea con el mentón.

Orejas grandes, anchas en la base y acabadas en punta.

Ojos típicamente orientales, oblicuos, de forma almendrada, siempre de color azul.

Cola larga y estrecha, acabada en punta, preferiblemente sin torceduras.

Extremidades largas y fibrosas, más altas las posteriores que las anteriores, con almohadillas pequeñas y ovaladas.

Origen: Tailandia	
Tipo: medio	
Peso: entre 2,5 a 5 kg	
Manto: doble. La capa externa con pelaje corto, fino, brillante, denso y pegado al cuerpo. La capa interna es de ligera lanilla	
Capa: con puntos oscuros en cara, orejas, cola y extremidades , el resto es más claro	
Vida: entre 12 y 18 años	
Carácter: inteligente, observador, muy activo, juguetón	
Mantenimiento del manto: cepillados regulares	
Alimentación: alimento seco equilibrado	
Cuidados especiales: limpieza del sarro para evitar gingivitis	
Enfermedades asociadas: amiloidosis hepática, problemas respiratorios, cardiomiopatía hipertrófica	

En la actualidad es mucho más frecuente encontrar ejemplares con la tipología moderna, es decir, con cara triangular y cuerpo largo y esbelto. Se caracteriza por tener los ojos azules y un patrón del manto nada común denominado colorpoint o patrón siamés. La configuración de este patrón es mediante unos puntos de color más oscuro que el resto del cuerpo que se denominan «point» o «puntos», localizados en la región facial (máscara), orejas, cola y extremidades, mientras que el color del resto del cuerpo siempre es de una tonalidad más clara. Sus extremidades son largas y muy fibrosas y tienen la cola larga y delgada en toda su longitud.

CUIDADOS

Es una raza que no necesita muchos cuidados debido a que goza de buena salud en general, pero puede sufrir enfermedades asociadas, entre las que destacamos la amiloidosis hepática, la miocardiopatía hipertrófica, problemas degenerativos de retina y gran tendencia a la acumulación de sarro y la consecuente gingivitis, por lo que debemos acudir al veterinario en el caso de detectar problemas en la masticación.

El Siamés debe ser siempre estilizado, es decir, que las caderas no pueden ser más anchas que los hombros.

En Estados Unidos únicamente se admite la capa con el patrón colorpoint para el Siamés; en Europa se admiten muchas otras.

La lanilla interna del pelo crece durante las estaciones frías para protegerle.

Otra alteración muy característica de esta raza, pero que no conlleva ningún peligro para su salud, es la bizquera que presentan muchos ejemplares; se denomina estrabismo y se aprecia cuando al dirigir su mirada a un punto concreto sus preciosos ojos azules parece que miren a su nariz.

CARÁCTER

En general los Siameses son gatos con gran personalidad, teniendo mucho temperamento. Son unas de

Los gatos de la raza Siamés son capaces de entablar comunicación con sus propietarios.

las pocas razas que tienen la habilidad de comunicarse con los seres humanos mediante sus maullidos; emplea infinidad de tonos, por lo que se dice que son vocalizadores, y en ocasiones pueden emitir sonidos muy similares al lenguaje humano. También es una raza muy activa y juguetona, por lo que no parará de

Tabby point: esta variedad en la que se aprecian ligeramente las líneas típicas del patrón tabby solo es reconocida en Europa, no en Estados Unidos.

Se trata de una de las pocas razas que tienen la habilidad de comunicarse muy bien con los seres humanos mediante maullidos.

Tiene la particularidad de presentar en ocasiones torceduras en la cola, formando ángulos imposibles.

enredar, y si no lo hace es simplemente para recuperar las fuerzas y volver a la carga. Son muy inteligentes y observadores. Al poseer estas dos cualidades nos encontraremos con un animal que parece adelantarse a nuestros pensamientos; simplemente ellos tienen controlado el tiempo de nuestras actividades y nos sorprenden adelantándose a ellas.

Necesitan mucho cariño y atención, disfrutando enormemente de la compañía humana y sobre todo de los más pequeños de la casa; de hecho son uno de ellos y pasan largas horas jugando juntos, por lo que no es una raza que soporte bien la soledad muy prolongada.

ALIMENTACIÓN

Es necesario que ingiera alimento seco equilibrado adecuado para felinos domésticos; se le debe dejar a libre disposición y será él el encargado de dosificarlo a lo largo del día.

Capas

La coloración del Siamés puede presentar diferentes tonalidades en los puntos y en el resto de su cuerpo. En Estados Unidos se reconocen las siguientes capas:

- **Chocolate point:** manto color marfil y «point» color cacao.
- **Blue point:** manto blanco amarillento con «point» azulados.
- **Lilac point:** manto blanco hielo con marcas color gris rosado.
- **Seal point:** manto color beis y «point» marrón oscuro.

En Europa se admiten todas las otras capas que presenta, como por ejemplo: tabby point, tortie point, etc.

La capa más común entre los ejemplares de la raza Siamés es denominada seal point, con «point» en color marrón oscuro y cuerpo en color crema oscuro.

Ejemplar de Siamés moderno con la cabeza ladeada.

Los gatitos nacen totalmente blancos y con el paso del tiempo van adquiriendo las tonalidades en los puntos o «point».

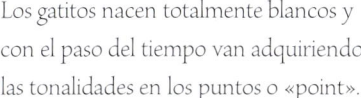

Índice alfabético

Abisinio, 106

American Curl Longhair, 54

American Shorthair, 108

Angora turco, 52

Azul ruso, 110

Bengalí, 112

Bobtail japonés, 116

Bombay, 118

Bosque de Noruega, 60

Brazilian Shorthair, 119

British Shorthair, 120

Burmese, 128

Chartreux o Cartujo, 132

Cornish Rex, 136

Devon Rex, 142

Don Sphynx, 146

Europeo, 150

Exótico, 28

Himalayo, 44

Kurilian Bobtail, 156

La Perm, 66

Maine Coon, 70

Mau egipcio, 160

Munchkin, 161

Ocicat, 162

Oriental, 182

Persa, 34

Peterbald, 186

Ragamuffin, 78

Ragdoll, 80

Sagrado de Birmania, 86

Savannah, 163

Scottish Fold, 164

Selkirk Rex, 90

Siamés, 188

Siberiano, 94

Singapur, 168

Somalí, 170

Sphynx, 172

Tonkinés, 169

Van turco, 100